Berufsunfähigkeit
gezielt absichern

Berufs-unfähigkeit

gezielt absichern

HOLGER BALODIS | DAGMAR HÜHNE

verbraucherzentrale

13 Berufsunfähigkeit –
das verdrängte Risiko

43 Der Weg zu einer guten Berufsunfähigkeit...

Inhalt

129 Was tun bei Zahlungsschwierigkeiten?

133 Vorsicht, Steuern und Sozialabgaben!

155 Versicherungsberatung – Unabhängigkeit zählt

Aus unserer Beratungspraxis

Die wichtigsten Fragen und Antworten

Jährlich beantworten wir in unseren bundesweit rund 200 Beratungsstellen Hunderttausende von Fragen und helfen bei der Lösung von Problemen, die Verbraucherinnen und Verbraucher an uns herantragen. Aus dieser täglichen Praxis wissen wir am besten, wo der Schuh drückt und wie konkrete Unterstützung aussehen muss.

Diese Erfahrungen sind Grundlage unserer Ratgeber: mit präzisen, verbraucherorientierten Informationen, zahlreichen Tipps und Hintergrundinformationen zum besseren Verständnis.

Sollte für eine individuelle Frage weiterer Besprechungsbedarf bestehen, hilft unsere Beratung weiter. Eine Übersicht über unser umfassendes Angebot finden Sie unter:

www.verbraucherzentrale.de

Profitieren Sie von unserer Beratungskompetenz!

Was genau muss ich mir unter Berufsunfähigkeit vorstellen und wie ist sie versichert?

Berufsunfähigkeit besteht, wenn der Versicherte seinen jeweiligen Beruf aus gesundheitlichen Gründen dauerhaft nicht mehr ausüben kann. Versichert mit einer Berufsunfähigkeitsversicherung ist der zuletzt ausgeübte Beruf und nicht der Beruf, der zum Zeitpunkt des Versicherungsbeginns ausgeübt wurde. Der aktuelle Beruf kann dauerhaft nicht ausgeübt werden, wenn dieser Zustand durchgängig sechs Monate bestand oder voraussichtlich sechs Monate bestehen wird. Bei älteren Verträgen beträgt dieser Zeitraum oft noch bis zu drei Jahren.

→ Seite 15

Soll ich den Verlust der Arbeitskraft zusätzlich versichern oder reicht die gesetzliche Versorgung?

Die gesetzliche Rentenversicherung bietet nur bedingt und in geringer Höhe Schutz in Form der Erwerbsminderungsrente. Eine volle Erwerbsminderungsrente wird gezahlt, wenn man gesundheitsbedingt weniger als drei Stunden täglich irgendeiner Tätigkeit nachgehen kann. Eine halbe Erwerbsminderungsrente wird gezahlt, wenn irgendeine Tätigkeit drei bis sechs Stunden ausgeübt werden kann.
Um überhaupt grundsätzlich einen Anspruch auf Erwerbsminderungsrente gegenüber der gesetzlichen Rentenversicherung zu haben, müssen Sie mindestens fünf Jahre versichert gewesen sein.
Jeder, der auf seine Arbeitskraft angewiesen ist, sollte den Fall ihres dauerhaften Verlusts versichern. Dies gilt insbesondere für Arbeitnehmer und Selbstständige, aber nach Prüfung der individuellen Situation auch für Freiberufler, Beamte, Hausfrauen/-männer und Studierende.

→ Seite 21

Welche monatliche Rentenhöhe soll eine private Berufsunfähigkeitsversicherung abdecken?

Mit der versicherten Berufsunfähigkeitsrente sollte ein möglichst hoher Prozentsatz des Nettoeinkommens versichert werden. Denn auch wenn krankheitsbedingt kein Einkommen zu erzielen ist, laufen die Kosten weiter. Die volle Höhe des Nettoeinkommens zu versichern ist nur bei wenigen Anbietern auf Nachfrage möglich. In der Regel kann man problemlos zwei Drittel oder drei Viertel des Nettoeinkommens versichern.

→ Seite 57

Ich spiele Eishockey. Muss ich dieses Hobby bei Abschluss des Vertrags angeben?

Versicherer sind auch an persönlichen Vorlieben interessiert und fragen in der Regel im Versicherungsantrag danach. Wer im Antrag beispielsweise Fallschirmspringen, Gleitschirmfliegen, Freiklettern usw. angibt, muss mit Prämienzuschlägen oder gar einer Ablehnung des Antrags rechnen. Spielt man hobbymäßig Eishockey, erheben die Versicherer in der Regel einen Zuschlag von 50 Prozent. Dass ein solches Hobby ausgeübt wird, darf bei Antragstellung auf keinen Fall verschwiegen werden. Es kommt immer auf die genauen Umstände der falschen oder fehlenden Angaben an, ob der Versicherer den Vertrag kündigen, vom Vertrag zurücktreten, ihn einseitig ändern oder wegen arglistiger Täuschung anfechten kann. Durch falsche oder fehlende Angaben ermöglicht man dem Versicherer oft, die Leistung zu verweigern.

→ Seite 54

Bis wann sollte der Schutz über die Berufsunfähigkeitsversicherung bestehen?

Der Versicherungsschutz sollte bis zum Altersrenteneintritt bestehen. Künftig wird dies bei den meisten das 67. Lebensjahr sein. Sind die Kosten der Versicherung für das persönliche Budget zu hoch, sollte zumindest ein Schutz bis zum 63. oder 65. Lebensjahr gewählt werden.
Hier ist zu beachten, dass die Versicherer für bestimmte Berufe teilweise das Endalter auf das 60. oder gar auf das 55. Lebensjahr festsetzen.
→ Seite 64

Muss ich die Gesundheitsfragen im Antrag wirklich ganz genau beantworten?

Die Antragsfragen müssen vollständig beantwortet werden. Ist eine Frage nicht klar, sprechen Sie den Versicherer an und lassen sich die Frage schriftlich erläutern. Können Sie sich nicht genau erinnern, welche Krankheiten in dem abgefragten Zeitraum (beispielsweise in den letzten fünf Jahren) behandelt wurden, sprechen Sie Ihren behandelnden Arzt an und bitten Sie ihn um die entsprechenden Informationen.
→ Seite 102

Warum ist eine Berufsunfähigkeitsversicherung für manche Berufsgruppen so teuer?

Die Versicherer prüfen, wie wahrscheinlich es ist, dass jemand berufsunfähig werden könnte. Dabei gilt: Je riskanter der Beruf ist, desto wahrscheinlicher ist der Eintritt der Berufsunfähigkeit in der Zukunft und desto teurer ist die Absicherung über den privaten Anbieter. Akademiker mit einem Schreibtischjob zahlen daher nur einen Bruchteil des Beitrags, den beispielsweise ein Dachdecker, der vornehmlich körperlich arbeitet, zahlen muss.
→ Seite 48

Was gilt für mich, wenn ich Beamter bin, und worauf sollte ich besonders achten?

Beamte nehmen eine Sonderstellung ein. In den ersten fünf Jahren ihrer Tätigkeit erhalten sie keine Leistungen bei krankheitsbedingter Dienstunfähigkeit. Deshalb sollte auch für sie der Schutz über eine private Berufsunfähigkeitsversicherung bestehen. Werden sie aber nach fünf Jahren dienstunfähig, ist ihre Mindestversorgung in Form des Ruhegehalts schon relativ hoch. Bevor eine Überversicherung eintritt, sollten Beamte sich bei der zuständigen Besoldungsstelle die Höhe ihrer Versorgung im Fall einer Dienstunfähigkeit aufzeigen lassen.
Die private Berufsunfähigkeitsversicherung sollte dann mit einer möglichst langen Laufzeit und mit einer „echten" Dienstunfähigkeitsklausel abgeschlossen werden.
→ Seite 50

Was bedeutet „abstrakte Verweisung" und wie unterscheidet sie sich von der „konkreten"?

Gerade in den Versicherungsbedingungen alter Berufsunfähigkeitsverträge ist eine Bedingung zu finden, mit der der Versicherer die Rentenzahlung verweigern kann: die „abstrakte Verweisung". Die Verweigerung der Rente ist demnach dann möglich, wenn die versicherte Person aus gesundheitlichen Gründen zwar nicht mehr in ihrem Beruf arbeiten kann, aber in einem anderen. Diese andere Tätigkeit muss der Lebensstellung entsprechen.

Auf die „konkrete Verweisung" verzichtet allerdings so gut wie kein Versicherer. Der Versicherer kann die Rentenzahlung einstellen, wenn der Leistungsfall zwar eingetreten ist, der Betroffene aber einen Beruf ausübt, der ähnlich bezahlt wird und der Lebensstellung entspricht.

→ Seite 123

Sind meine Versicherungsbeiträge als Vorsorgeaufwendungen steuerlich absetzbar?

Die Beiträge für eine Berufsunfähigkeitsversicherung sind in den meisten Fällen nicht steuerlich wirksam absetzbar. Diese Beiträge gelten zwar steuerlich als „sonstige Vorsorgeaufwendungen", aber der hier geltende Höchstbetrag ist meist durch andere Beiträge, zum Beispiel zur Kranken- und Pflegeversicherung, ausgeschöpft. Anders sieht es aus bei Riester-, Rürup-Renten (Basisrenten) oder Verträgen der betrieblichen Altersvorsorge: Hier sind die Beiträge für den eingeschlossenen Berufsunfähigkeitsschutz absetzbar. Allerdings sind die jeweils geltenden Voraussetzungen zu berücksichtigen.

→ Seite 133

Berufsunfähigkeit –
das verdrängte Risiko

Die Berufsunfähigkeitsversicherung ist neben der
privaten Haftpflichtversicherung ein absolutes Muss.
Eigentlich braucht sie jeder, der ohne ausreichendes
Einkommen dastünde, wenn er krankheitsbedingt nicht
mehr arbeiten kann. Trotzdem werden Berufsunfähigkeitspolicen erstaunlich wenig verkauft.

Die selbstständige Berufsunfähigkeitsversicherung bringt es nur auf einen Bestand
von ca. 3,9 Millionen Verträgen. Zwar ist die
klassische BUZ (Berufsunfähigkeitszusatzversicherung) weiter verbreitet, doch der ab-
geschlossene Versicherungsschutz ist oft
nicht ausreichend. Dabei ist das Risiko, berufsunfähig zu werden, hoch. Und mit der
Erhöhung des Rentenalters auf 67 Jahre wird
es immer unwahrscheinlicher, dass man seinen Job bis zur normalen Altersrente durch-
hält. Dabei hat sich der Charakter dieser Ge-
fährdung in den vergangenen Jahren grundlegend gewandelt. Es sind nicht mehr so sehr
körperliche Leiden, die den Ausstieg aus dem
Job erzwingen. Vielmehr bedeuten immer
häufiger psychische Erkrankungen das Ende
des Berufslebens. Sie sind mittlerweile die

Ursache für rund ein Drittel der Berufsunfä-
higkeits- und Erwerbsminderungsrenten.
Tendenz steigend. Und es passiert erstaunlich früh: Im Schnitt tritt die Berufsunfähigkeit mit 46 Jahren ein.

Nicht nur das Risiko ist hoch, auch die
finanziellen Einbußen sind enorm. Ob der
Erkrankte eine staatliche Erwerbsminderungsrente bekommt, ist unsicher; die Hürden hierfür sind hoch, und Selbstständige
haben oft keinen Anspruch. Und ob ein Er-
krankter in einen weniger belastenden Job
wechseln kann, ist noch ungewisser.

Spätestens hier setzt die private Berufsunfähigkeitsversicherung an. Sie zahlt die
vereinbarte Rente, wenn man in seinem zuletzt ausgeübten Beruf aus Gesundheits-
gründen nicht mehr arbeiten kann. Die Rente

gibt es also auch dann, wenn man theoretisch oder praktisch noch einen anderen Job machen könnte. Dieser Schutz ist nicht ganz billig und die richtige Versicherung zu finden nicht ganz einfach. Dennoch kein Grund, die Flinte ins Korn zu werfen: Dieser Ratgeber versetzt Sie in die Lage, den passenden Schutz zu finden.

Sie erfahren in diesem Buch,
→ was die staatliche Rentenversicherung leistet und welche Lücken sie lässt,
→ wie Sie Ihren Bedarf richtig abschätzen und was die Absicherung bei einer preiswerten Versicherung kostet,
→ auf welche Versicherungsbedingungen es ankommt, damit Sie im Ernstfall die Rente bekommen, und welche Versicherer faire Bedingungen bieten,
→ wie Sie guten Schutz durch eine geschickte Vertragsgestaltung bezahlbar halten und auch bei eventuellen Zahlungsschwierigkeiten Ihren Schutz erhalten können,
→ wie Sie im Fall der Berufsunfähigkeit Ihren Anspruch gegen die Versicherung geltend machen und notfalls rechtlich durchsetzen,
→ welche Rechte Ihnen das Versicherungsvertragsgesetz (VVG) bringt und wie Sie diese nutzen,
→ wie Sie mit Ihren Beiträgen Steuern und Sozialabgaben sparen können und welche

Belastungen im Leistungsfall auf Sie zukommen,
→ welche Alternativen es zu einer Berufsunfähigkeitsversicherung gibt und für wen diese taugen.

Vor allem soll dieses Buch Ihnen helfen, die richtigen Entscheidungen bei der Auswahl einer Berufsunfähigkeitsversicherung zu treffen. Natürlich spricht nichts dagegen, dass Sie gut informiert auch die Dienste eines Vertreters oder Maklers in Anspruch nehmen. Allerdings muss es dabei allein um eins gehen: Ihren optimalen Versicherungsschutz.

Was bedeutet Berufsunfähigkeit?

Das Aus kommt oft plötzlich: Fritz M. arbeitete mehr als zehn Jahre als angestellter Teppich- und Fußbodenleger. Ohne Beschwerden. Mit 28 Jahren machte er sich selbstständig, zunächst lief alles gut. Doch nach fünf Jahren traten unerträgliche Schmerzen in den Knien auf. Diagnose: schwerste Knorpelabnutzungen an der Kniescheibe. Dazu kamen chronische Kopfschmerzen. Den Beruf als Bodenleger – mit täglich stundenlangem Arbeiten auf den Knien – konnte Fritz M. nicht mehr ausüben, sein Einkommen sackte auf null.

kauf des mühsam abbezahlten Häuschens und der Abstieg in die staatliche Grundsicherung blieben M. erspart. Mit der gesicherten Rentenzahlung konnte er sich voll auf seine medizinischen Behandlungen und eine mögliche berufliche Neuorientierung konzentrieren.

Von der gesetzlichen Rentenversicherung ist in einer solchen Situation wenig zu erwarten. Als angestellter Bodenleger hätte M. möglicherweise eine Erwerbsminderungsrente (→ Seite 22) erhalten, doch die fällt in der Regel nur gering aus. Als Selbstständiger, der sich aus der staatlichen Rente verabschiedet hatte, besaß M. noch nicht einmal Anspruch auf diese Mindestabsicherung.

Was blieb, war die Hoffnung auf seine Berufsunfähigkeitsversicherung bei einem privaten Versicherer. Und die zahlte – wenn auch erst nach langwierigen Auseinandersetzungen – am Ende tatsächlich. Der Ver-

 GESETZLICHE GRUNDLAGEN

Berufsunfähigkeit

Berufsunfähigkeit wird in § 172 Absatz 2 Versicherungsvertragsgesetz (VVG) definiert: „Berufsunfähig ist, wer seinen zuletzt ausgeübten Beruf, so wie er ohne gesundheitliche Beeinträchtigung ausgestaltet war, infolge Krankheit, Körperverletzung oder mehr als altersentsprechendem Kräfteverfall ganz oder teilweise voraussichtlich auf Dauer nicht mehr ausüben kann."

Die Versicherer übernehmen diese Definition häufig im § 2 ihrer Versicherungsbedingungen. Die meisten ersetzen dabei die Formulierung „voraussichtlich auf Dauer" durch „voraussichtlich sechs Monate" und präzisieren, dass Berufsunfähigkeit vorliegt, wenn die Beeinträchtigung mindestens 50 Prozent beträgt. Außerdem darf kein neuer Job ausgeübt werden, der in seiner Vergütung und Wertschätzung der bisherigen Lebensstellung entspricht.

Das Beispiel zeigt die ganze Bandbreite des Problems auf:

→ die existenziellen Gefahren auch durch zunächst harmlos erscheinende Krankheiten,

→ den oft fehlenden Berufsunfähigkeitsschutz in der gesetzlichen Rentenversicherung,

→ das besonders hohe finanzielle Risiko der Selbstständigen,

→ und aus all dem resultierend: die Notwendigkeit einer Berufsunfähigkeitsversicherung über einen privaten Versicherer.

Berufsunfähig ist, wer seinen Beruf, ärztlich nachgewiesen, dauerhaft nicht mehr ausüben kann. Es geht im Gegensatz zur Erwerbsunfähigkeit hier also eng umrissen um die konkrete Unfähigkeit, dem jeweiligen Beruf nachzugehen. Versichert ist dabei der zuletzt und nicht der zum Zeitpunkt des Versicherungsbeginns ausgeübte Beruf. Der Versicherte muss nachweisen, dass er entweder sechs Monate lang durchgängig berufsunfähig war oder voraussichtlich mehr als sechs Monate lang berufsunfähig sein wird. Gelingt dies, gibt es die Rente – allerdings zunächst meist befristet.

Allenfalls der Verweis auf vergleichbare Berufe, die jedoch aufgrund Ausbildung und Erfahrung zumutbar sein müssen, ist nach den Bedingungen mancher Versicherungsunternehmen möglich. Dies setzt aber voraus, dass der Erkrankte den anderen Job trotz seiner gesundheitlichen Einschränkung ausüben kann.

Im Fachjargon wird das als „abstrakte Verweisung" bezeichnet, eine gefährliche Klippe (→ Seite 39). Sie ermöglicht es dem Versicherer, Rentenzahlungen zu verweigern, wenn er meint, der Versicherte könne zwar nicht mehr den zuletzt ausgeübten, dafür aber irgendeinen anderen zumutbaren Beruf ergreifen. Ob es in diesem Beruf freie Stellen gibt, braucht den Versicherer nicht zu interessieren.

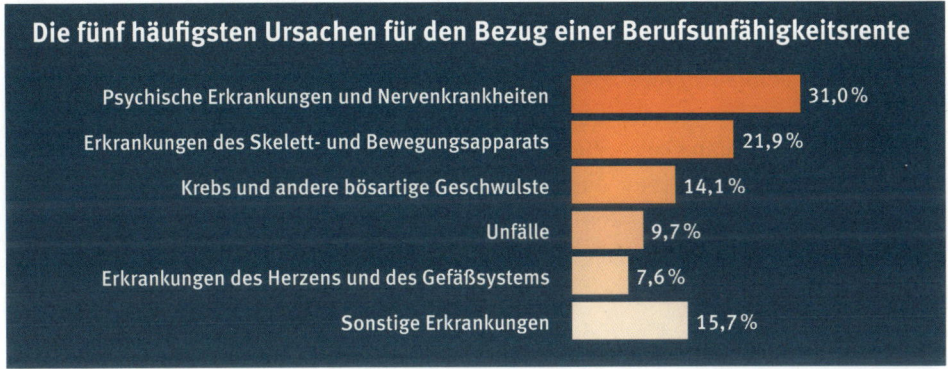

Quelle: Morgen & Morgen, 2016

Es kann jeden treffen

Statistisch wurde in der Vergangenheit jeder vierte Arbeitnehmer vor Erreichen der Altersrente erwerbsgemindert. Und berufsunfähig wird man – weil dies nur am ausgeübten Beruf hängt – noch weitaus schneller. Schützen kann man sich dagegen kaum, allenfalls finanziell absichern.

Doch gerade hier klaffen oft gravierende Lücken. Zwar haben alle Arbeitnehmer nach Erfüllung bestimmter Voraussetzungen über die gesetzliche Rentenversicherung einen Invaliditätsschutz, doch der – da sind sich alle Experten einig – reicht nicht. Selbst bei Bezug der vollen Erwerbsminderungsrente ersetzt diese bei einem gut verdienenden Angestellten gerade mal ein Viertel seines Bruttogehalts.

Ein zusätzlicher privater Schutz ist also notwendig. Aber nicht irgendein Schutz – Experten raten unbedingt zum Abschluss einer

 **FINANZEN**

Erhebliche Versorgungslücke

Wer über viele Jahre brutto 6.000 Euro im Monat verdient, kann allenfalls mit einer Erwerbsminderungsrente von 1.600 Euro rechnen. Beim Bezug einer „halben" Rente wären es nur rund 800 Euro. Wer dauerhaft rund 2.000 Euro brutto verdient, kann bei einer vollen Erwerbsminderungsrente nur mit knapp 700 Euro pro Monat rechnen. Bekäme er nur die halbe Rente zugesprochen, wären es weniger als 350 Euro.

Absolutes Muss!
Elke Weidenbach von der Verbraucherzentrale NRW rät: „Ein ausreichender Berufsunfähigkeitsschutz ist ein absolutes Muss. Zu dieser Versicherung gibt es praktisch keine Alternative. Sie sollte so früh wie möglich abgeschlossen werden."

Berufsunfähigkeitsversicherung.   Weniger nutzt hingegen eine Unfallversicherung: Denn Unfälle sind nur zu rund 10 Prozent die Ursache von Berufsunfähigkeit. Zu 90 Prozent sind es also Krankheiten, wie psychische Erkrankungen, Krebs, Herz- und Kreislauferkrankungen, Rücken- oder Nervenleiden, die zum vorzeitigen Aus im Job führen (→ Tabelle Seite 17). Zuverlässig finanziell helfen kann dann nur eine Berufsunfähigkeitsversicherung – die zahlt nach Unfall und bei Krankheit. Allerdings ist wichtig, dass eine ausreichend hohe Rente vereinbart wird. Genau daran hapert es oft.

Bei den rund 3,9 Millionen selbstständigen Berufsunfähigkeitspolicen beträgt die durchschnittlich versicherte Rentenhöhe nur 1.020 Euro.

Noch schlechter sieht es bei den klassischen BUZ-Policen aus, also der Kombination von Lebensversicherung und Berufsunfähigkeitszusatzversicherung. Davon gibt es 11,6 Millionen Verträge. Doch ein Drittel sieht im Fall der Berufsunfähigkeit gar keine Rente vor, sondern „nur" eine Beitragsbefreiung in der Lebensversicherung. Und beim Rest ist im Schnitt gerade mal eine Rente von 810 Euro monatlich versichert.

Fazit: Große Teile der Bevölkerung sind gegen das Risiko einer Berufsunfähigkeit nicht oder völlig unzureichend abgesichert.

Riskante und wenig riskante Berufe

RISKANTE BERUFE		WENIG RISKANTE BERUFE	
Gerüstbauer	65 %	Tierärzte	4 %
Bergleute	64 %	Ärzte	4 %
Dachdecker	55 %	Physiker, Mathematiker	5 %
Stuckateure, Verputzer	47 %	Apotheker	6 %
Möbelpacker	45 %	Chemiker	7 %
Pflasterer, Steinsetzer	39 %	Rechtsberater	7 %
Fleischer, Metzger	39 %	Seelsorger	7 %
Maurer	39 %	Elektroingenieure	8 %
Bauhilfsarbeiter	38 %	Architekten	8 %
Maler, Lackierer	38 %	Unternehmer, Geschäftsführer	9 %

Anteil der bewilligten Erwerbsminderungsrenten in Prozent des Rentenzugangs 2011 (ohne Renten wegen Todes)

Quelle: Deutsche Rentenversicherung Bund und eigene Berechnungen
Aktuelle Daten werden z. Z. nicht veröffentlicht.

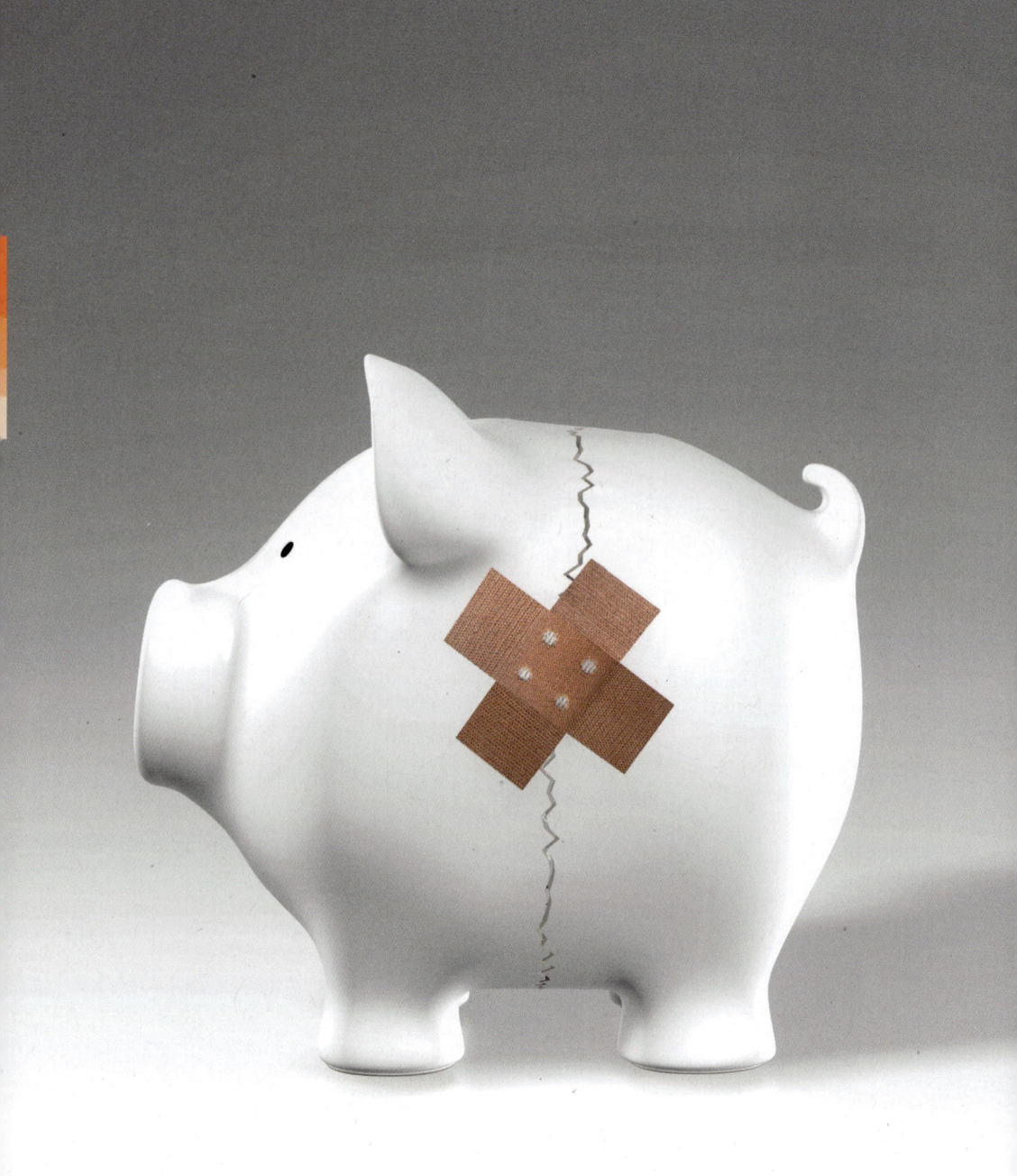

Der gesetzliche Schutz –
kaum mehr als ein Notbehelf

Zwar besitzen die rund 36 Millionen Versicherten der gesetzlichen Rentenversicherung grundsätzlich einen Basisschutz **gegen** Invalidität. Doch darauf sollten sie sich keinesfalls verlassen. Schon die in der Vergangenheit gewährten staatlichen Berufs- und Erwerbsunfähigkeitsrenten waren keineswegs üppig.

Dazu kommt: In den vergangenen Jahren wurde der gesetzliche Schutz weiter ausgehöhlt. 2001 wurde das bis dahin zweigliedrige System von Berufs- und Erwerbsunfähigkeitsrenten durch die Erwerbsminderungsrente ersetzt. Gegenüber der alten Regelung wurden die Anspruchsvoraussetzungen verschärft und die Rentenhöhen gesenkt.

Gesetzliche Berufsunfähigkeitsrente abgeschafft

Die gesetzliche Berufsunfähigkeitsrente wurde 2001 für alle, die neu ihre Rente einreichen, faktisch abgeschafft. Mit anderen Worten: Der erlernte Beruf spielt beim gesetzlichen Invaliditätsschutz keine Rolle mehr. Ausnahmen gelten allerdings für ältere Versicherte.

Ein Bäcker beispielsweise, der wegen einer Allergie nicht mehr in seinem erlernten Handwerk arbeiten kann, geht jetzt leer aus, bekommt also keine Rente. Das gilt jeden-

 **Reicht nicht!**
Der Versicherungsberater Rüdiger Falken urteilt: „Der gesetzliche Schutz reicht keinesfalls. Wenn es einen erwischt und man tatsächlich Ansprüche aus der Rentenkasse hat, kann das allein den Lebensstandard nicht sichern."

falls dann, wenn der Bäcker noch mindestens sechs Stunden pro Tag irgendeine andere Arbeit verrichten könnte. Und davon ist häufig auszugehen. Ob es diese Arbeit tatsächlich gibt, ist für die Rentenversicherung unerheblich. Eine Rente würde der Bäcker nur bekommen, wenn er vor dem 2. Januar 1961 geboren ist – dann profitierte er von einer Vertrauensschutzregelung (→ Kasten rechts).

Entscheidend dafür, ob eine Invalidenrente aus der Rentenkasse gewährt wird, ist allein, dass ein Arbeitnehmer in keinem denkbaren Job mehr tätig sein kann. Ausbildung und Bezahlung spielen keine Rolle mehr. Konsequenz: Auch hoch qualifizierte Arbeitnehmer können auf einfachste Tätigkeiten „verwiesen" werden und erhalten bei Berufsunfähigkeit kein Geld mehr aus der gesetzlichen Rentenversicherung.

 GESETZLICHE GRUNDLAGEN

Rentenkasse bleibt geschlossen

Ein von einem Hörsturz betroffener Tontechniker bekommt aus der Rentenkasse keinen Cent – wenn er noch mindestens sechs Stunden täglich irgendeine andere Tätigkeit verrichten kann. Auch ein sozialer und finanzieller Abstieg ist dabei hinzunehmen. Der hoch qualifizierte Techniker könnte schließlich noch als Bote oder Pförtner arbeiten.

 GESETZLICHE GRUNDLAGEN

Vertrauensschutz für Ältere

Vertrauensschutz genießen alle vor dem 2. Januar 1961 geborenen gesetzlich Versicherten. Können sie in ihrem erlernten Beruf nicht mehr arbeiten, bekommen sie auch künftig als Folge dieser Berufsunfähigkeit eine Rente, die allerdings rund 25 Prozent niedriger als die nach altem Recht gewährte gesetzliche Berufsunfähigkeitsrente ausfällt.

Die Erwerbsminderungsrente

Mit dem 1. Januar 2001 wurde für alle Neurentner nicht nur die gesetzliche Berufsunfähigkeitsrente, sondern auch die Erwerbsunfähigkeitsrente abgeschafft. Ersetzt wurden diese Rentenarten durch die Erwerbsminderungsrente. Ob und wie viel Erwerbsminderungsrente gezahlt wird, hängt allein vom „Restleistungsvermögen auf dem allgemeinen Arbeitsmarkt" ab.

Anspruch auf die volle Erwerbsminderungsrente hat nur, wer nicht mehr in der Lage ist, drei Stunden täglich zu arbeiten. Die halbe Erwerbsminderungsrente bekommt, wer noch zwischen drei und sechs Stunden täglich arbeiten kann. Keine Rente erhält, wer

GESETZLICHE GRUNDLAGEN

Zweistufige Erwerbsminderungsrente

Als Maßstab dient das verbliebene tägliche Leistungsvermögen in Stunden:

- volle Erwerbsminderungsrente bei weniger als drei Stunden,
- halbe Erwerbsminderungsrente bei mindestens drei Stunden, aber weniger als sechs Stunden,
- keine Erwerbsminderungsrente bei mindestens sechs Stunden.

noch mindestens sechs Stunden täglich arbeiten könnte. Zur Erinnerung: Maßstab für das Restleistungsvermögen ist nicht der bisherige Beruf, sondern jede nur denkbare Tätigkeit.

Die Höhe der Erwerbsminderungsrente hängt ähnlich wie die spätere Altersrente vor allem vom persönlichen Einkommen und der Anzahl der Versicherungsjahre ab. Damit die Rente nicht zu niedrig ausfällt, bekommt der Erwerbsgeminderte die Zeit von der Erkrankung bis zum 62. Lebensjahr als „Zurechnungszeit" quasi geschenkt. Wer zum Beispiel mit 22 Jahren anfängt zu arbeiten und mit 30 invalide wird, bekommt nicht nur acht, sondern 40 Jahre angerechnet. Allerdings wird für diese Jahre nur das relativ niedrige Einkommen der ersten Berufsjahre

angesetzt. Verdient der Arbeitnehmer in den Jahren vor Feststellung der Erwerbsminderung bereits unterdurchschnittlich, werden zu seinen Gunsten bis zu 4 Jahre bei der Berechnung des Durchschnittseinkommens ausgeklammert.

Alles in allem sollten sich Arbeitnehmer keine Illusionen machen: Die Erwerbsminderungsrente fällt trotz der gewährten Zurechnungszeiten erschreckend niedrig aus, zumal sie – wegen des vorzeitigen Rentenbeginns – noch um 10,8 Prozent gekürzt wird. Rund 170.000 Versicherten wurde beispielsweise im Jahr 2014 erstmals eine Erwerbsminderungsrente zugesprochen. Die durchschnittliche Monatsrente betrug gerade mal 628 Euro. Dieser Betrag macht deutlich: Alle neuen Erwerbsminderungsrentner bekommen als Folge der vergangenen Rentenreformen deutlich niedrigere Renten als die Bestandsrentner – im Schnitt monatlich rund 100 Euro weniger.

Teilweise Erwerbsgeminderte mit einem Restleistungsvermögen zwischen drei und sechs Stunden täglich bekommen im Durchschnitt nur 402 Euro (Männer) beziehungsweise 337 Euro (Frauen). Auch Versicherte mit gutem oder sehr gutem Gehalt sollten nicht allzu viel erwarten, wie die Beispiele auf der folgenden Seite zeigen.

> ▶ **BEISPIELE**
>
> - Beispiel 1: Nach zehn Berufsjahren erleidet eine 30-jährige kaufmännische Angestellte einen Schlaganfall. Bereits in jungen Jahren hat sie recht ordentlich verdient und stets das Durchschnittsgehalt aller gesetzlich Versicherten erreicht, zuletzt 36.000 Euro jährlich (Stand 2016). Wenn sie vollständig erwerbsgemindert ist und die volle Erwerbsminderungsrente erhält, bekommt sie rund 1.015 Euro monatlich (nach Abzug von Kranken- und Pflegeversicherungsbeiträgen).
> - Beispiel 2: Mit 45 Jahren scheidet ein bis dato hoch bezahlter EDV-Ingenieur mit einer Nervenerkrankung aus einem Softwareunternehmen aus. Sofort nach dem Studium hatte er 20 Jahre lang Höchstbeiträge in die Rentenkasse bezahlt, zuletzt inklusive Arbeitgeberbeitrag 1.159,40 Euro monatlich (= 18,7 Prozent der Beitragsbemessungsgrenze von 6.200 Euro im Monat; Stand 2016). Da seine Restarbeitsfähigkeit in einem weniger stressigen Job noch mindestens drei Stunden täglich beträgt, bekommt er eine halbe Erwerbsminderungsrente, in seinem Fall 894 Euro. Findet er nachweislich keinen Teilzeitjob, erhält er nach derzeitiger Rechtslage die volle Rente: 1.788 Euro.

Wie hoch Ihre Erwerbsminderungsrente nach jetzigem Stand ausfallen würde, erfahren Sie von Ihrem Rentenversicherungträger in der Renteninformation. Auf die hat jeder gesetzlich Rentenversicherte ab 27 Jahren einmal jährlich Anspruch. Der Rentenversicherungsträger informiert darin über den Stand der bislang erworbenen Rentenanwartschaften und gibt eine Prognose, wie sich diese bis zum angenommenen Renteneintrittsalter entwickeln.

Doch Vorsicht: Die Renteninformation beruht manchmal auf fehlerhaften oder unvollständigen Daten. Um einen privaten Schutz gegen Berufsunfähigkeit verlässlich planen zu können, sollten Sie eine Kontenklärung, verbunden mit einer Rentenauskunft über die Höhe der zu erwartenden Erwerbsminderungsrente, bei Ihrem Rentenversicherungträger beantragen. Dies geht auch auf elektronischem Weg.

Achtung: Wartezeit!

Voraussetzung für eine Erwerbsminderungsrente ist eine Wartezeit von fünf Jahren. Das heißt: Mindestens 60 Monate lang muss der Erkrankte zuvor Beiträge in die Rentenkasse gezahlt haben, davon wiederum mindestens 36 Monate Pflichtbeiträge in den letzten fünf Jahren vor der Erkrankung.

Dies bedeutet zum einen, dass Berufsanfänger im Normalfall noch keinen Anspruch auf eine Erwerbsminderungsrente haben.

Knapp bemessen:
So viel zahlt die Rentenkasse

Durchschnittliche Höhe der Erwerbsminderungsrente (in Euro),
Rentenzugang 2014, nach Abzug der Beiträge zur Kranken- und
Pflegeversicherung der Rentner

WEGEN TEILWEISER ERWERBSMINDERUNG		WEGEN VOLLER ERWERBSMINDERUNG	
MÄNNER	FRAUEN	MÄNNER	FRAUEN
402	337	682	646

Quelle: Deutsche Renten-versicherung Bund

Zum anderen gehen aber auch diejenigen Männer und Frauen leer aus, die für mehrere Jahre aus dem Beruf aussteigen und bei denen sich dadurch Lücken im Versicherungsverlauf auftun.

Auch wenn Sie also in der Vergangenheit schon wesentlich mehr als fünf Jahre versicherungspflichtig gearbeitet haben, bekommen Sie gegebenenfalls in den ersten drei Jahren des „Neustarts" keine Erwerbsminderungsrente. Unschädlich ist hingegen eine bis zu dreijährige Babypause. Diese Kindererziehungszeit gilt ebenso wie eine Pflegezeit sowie Zeiten, in denen Kranken- oder Arbeitslosengeld 1 bezogen wurde, als Pflichtbeitragszeit. All diese Zeiten verursachen keine Lücken, schmälern also nicht die Anwartschaft auf eine Erwerbsminderungsrente.

Keine Rolle spielt die fünfjährige Wartezeit im Fall eines Arbeitsunfalls. Es gilt also:

Wer, und sei es am ersten Arbeitstag, einen Arbeits- oder Wegeunfall erleidet, hat Anspruch auf eine Erwerbsminderungsrente sowie auf Leistungen aus der gesetzlichen Unfallversicherung.

Erwerbsminderungsrente auch für Selbstständige

Eine Erwerbsminderungsrente können nicht nur Arbeitnehmer, sondern auch Selbstständige bekommen. Sie müssen allerdings die erforderlichen Pflichtbeiträge gezahlt haben.

Wer sich also selbstständig machen will, sollte genau prüfen, ob er sich aus der Versichertengemeinschaft verabschiedet oder weiter auf Antrag Pflichtbeiträge zahlt. Gerade ältere Selbstständige, die häufig schon Vorerkrankungen haben, können sich so einen Basisschutz für den Fall einer schweren Erkrankung sichern.

 BEISPIEL

Auf Nummer sicher gehen

Ein Fliesenleger macht sich mit 42 Jahren selbstständig. Derzeit ist er gesund, er hat aber in der Vergangenheit bereits einen Bandscheibenvorfall erlitten. Da er zudem als Fliesenleger einen Risikoberuf ausübt, dürfte er große Schwierigkeiten haben, eine private Berufsunfähigkeitsversicherung zu finden, die ihn aufnimmt. Also entscheidet er sich dafür, freiwillig in der gesetzlichen Rentenversicherung zu bleiben. Das sichert ihm immerhin einen Minimalschutz bei Erwerbsminderung, wichtige Ansprüche auf Kur- und Reha-Leistungen und natürlich auch die spätere Altersrente. Außerdem sollte der Fliesenleger als freiwilliges Mitglied in der Berufsgenossenschaft bleiben. Damit sichert er sich im Fall eines Unfalls weitere Ansprüche aus der gesetzlichen Unfallversicherung.

Selbstständige erhalten keinen Arbeitgeberzuschuss, sie müssen den vollen Rentenversicherungsbeitrag allein tragen. Viele Handwerker und Gewerbetreibende sind damit finanziell überfordert. Die Lösung: Sie können auf Antrag den niedrigeren Regelbeitrag zahlen – derzeit monatlich 543,24 Euro in den alten und 471,24 Euro in den neuen Bundesländern (Stand 2016). Mit dem Regelbeitrag erwerben Selbstständige Rentenansprüche in der Höhe eines Durchschnittsverdieners in der gesetzlichen Rentenversicherung.

Für Handwerker, die ohnehin 18 Jahre – inklusive Ausbildung – in der Rentenversicherung pflichtversichert bleiben müssen, ist dies ein bezahlbarer Weg, die bis dahin erworbenen Ansprüche zu wahren.

Zusätzlich gilt: In den ersten drei Jahren nach Existenzgründung müssen Selbstständige sogar nur den halben Regelbeitrag zahlen, also 271,62 Euro in den alten und

BEISPIEL

So viel bringt der Regelbeitrag

Selbstständige können auf Antrag den Regelbeitrag zahlen, derzeit monatlich 543,24 Euro in den alten und 471,24 Euro in den neuen Bundesländern (Stand 2016). Damit bleiben die erworbenen gesetzlichen Ansprüche erhalten und die Vorsorge ist bezahlbar. Ein Beispiel: Ein Handwerker hat vom 15. bis zum 40. Lebensjahr angestellt gearbeitet und dabei stets durchschnittlich verdient, macht sich dann selbstständig und zahlt fortan den Regelbeitrag. Bei voller Erwerbsminderung hätte er einen Anspruch auf rund 1.277 Euro Rente brutto monatlich.

235,62 Euro in den neuen Bundesländern. Damit werden allerdings auch geringere Ansprüche erworben. Auf Antrag können sie jedoch auch den vollen Regelbeitrag zahlen oder eine Einstufung gemäß ihrem tatsächlichen Einkommen verlangen.

Ab wann und wie lange wird Erwerbsminderungsrente gezahlt?

Grundsätzlich wird die gesetzliche Erwerbsminderungsrente erst mit Beginn des siebten Kalendermonats nach Eintritt der Erwerbsminderung gezahlt. Das stellt in der Regel auch kein Problem dar, denn zunächst erhalten erkrankte Arbeitnehmer sechs Wochen lang die Lohnfortzahlung ihres Arbeitgebers. Danach zahlt die gesetzliche Krankenkasse das Krankengeld.

Ein Problem stellt die Wartefrist allerdings für privat Krankenversicherte dar. Haben sie keinen Anspruch auf Krankentagegeld, bekommen sie rund viereinhalb

Monate lang kein Geld – bei Selbstständigen sind es sogar sechs Monate.

Nur in Ausnahmefällen wird eine Erwerbsminderungsrente sofort zeitlich unbefristet gewährt. Normalerweise handelt es sich um eine Zeitrente, die nach Ablauf von drei Jahren überprüft wird. Nach neun Jahren Rentenbezug wird sie jedoch in der Regel zur Dauerrente.

Mit dem Erreichen der regulären Altersgrenze wird die Erwerbsminderungsrente in eine normale Altersrente umgewandelt. Die Höhe bleibt in der Regel unverändert.

Achtung, Steuer!

Seit dem 1. Januar 2005 ist auch für Bezieher von Erwerbsminderungsrenten die Steuer ein Thema. Genau wie bei normalen Altersrenten wird schrittweise die „nachgelagerte Besteuerung" eingeführt. Der steuerpflichtige Anteil der Rente hängt davon ab, in welchem Jahr die Rente erstmals gezahlt wird. Das heißt: Von einer Erwerbsminderungsrente, die 2016 erstmals gewährt wird, unterliegen 72 Prozent der Steuerpflicht. Von einer Erwerbsminderungsrente, die 2017 erstmals gewährt wird, unterliegen dann bereits 74 Prozent der Steuerpflicht.

Doch keine Sorge: Tatsächlich Steuern zahlen müssen vermutlich nur wenige. Die Steuerfreibeträge sind so hoch, dass eine Erwerbsminderungsrente allein nur in wenigen Fällen eine Steuerpflicht auslöst. Wenn jedoch zusätzliche Einkommen wie etwa eine Betriebsrente oder Einnahmen aus Vermietung hinzukommen oder der Ehepartner einer steuerpflichtigen Beschäftigung nachgeht, können Steuern fällig werden.

Vorsicht, Hinzuverdienstgrenze!

Allen Beziehern von vollen Erwerbsminderungsrenten drohen finanzielle Einbußen, wenn sie Geld hinzuverdienen. Die Grenze liegt derzeit bei 450 Euro im Monat. Verdient der Erwerbsminderungsrentner auch nur einen Cent mehr, wird die Rente gekürzt. Das gilt übrigens nicht nur für Erwerbsminderungsrenten, sondern für alle vorgezogenen Altersrenten, also für alle Renten, die vor dem Erreichen des regulären Rentenalters bezogen werden. Für Bezieher einer halben Erwerbsminderungsrente gelten deutlich höhere Hinzuverdienstgrenzen.

Wie kann ein Rentenanspruch durchgesetzt werden?

Rund 50 Prozent der Anträge auf eine Erwerbsminderungsrente führen letztlich zu einer Rentenzahlung. Zunächst ist die Ablehnungsquote jedoch deutlich höher und es ist nicht leicht, den Anspruch auf die Rente durchzusetzen. Mit anderen Worten: Circa die Hälfte der Anträge wird abgelehnt. Allerdings gibt es bei der gesetzlichen Rentenversicherung mehrere kostenfreie Wege, gegen einen negativen Bescheid anzugehen.

Zunächst kann gegen den Ablehnungsbescheid des Rentenversicherungsträgers innerhalb eines Monats Widerspruch eingelegt werden. Wichtig ist, dass dies schriftlich erfolgt, ein Anruf reicht nicht. Der Versicherte kann auch zur Auskunfts- und Beratungsstelle der Rentenversicherung gehen. Dort wird der Widerspruch zu Protokoll genommen und muss vom Versicherten unterschrieben werden. Daraufhin werden sämtliche Unterlagen noch einmal geprüft und neu bewertet. Es können neue Tatsachen vorgebracht werden, und notfalls wird ein neues Gutachten eingeholt.

In rund 30 Prozent der Widerspruchsverfahren wird nach dieser erneuten Prüfung der Bescheid zugunsten des Versicherten geändert und eine Rente gezahlt.

Wird die Rente weiterhin abgelehnt, kann der Versicherte vor dem Sozialgericht und möglicherweise auch vor dem Landessozialgericht klagen. Das Verfahren ist in beiden Fällen kostenlos, und es besteht kein Anwaltszwang. Es ist jedoch ratsam, sich von einem Fachanwalt für Sozialrecht vertreten zu lassen. Auch vor den Sozialgerichten stehen die Chancen für die Versicherten nicht schlecht.

In rund 50 Prozent aller Fälle bekommen sie entweder durch Urteil, Vergleich oder Anerkenntnis des Rententrägers doch noch eine Rente.

Sonderfall Beamte

Im Prinzip ist es bei der Invalidität genau wie bei der normalen Altersversorgung. Der Staat sorgt deutlich besser für seine Beamten als die gesetzliche Rentenversicherung. Grundsätzlich haben deshalb Beamte einen deutlich geringeren Bedarf an einer privaten Berufsunfähigkeitsversicherung als gesetzlich Rentenversicherte.

Beamte werden offiziell nicht „berufsunfähig", sondern „dienstunfähig"; wird die Dienstunfähigkeit aus gesundheitlichen Gründen festgestellt, werden sie in den Ruhestand versetzt.

Sie bekommen dann keine Rente, sondern ein Ruhegehalt. Dieses Ruhegehalt steigt mit jedem Dienstjahr und verschafft damit dienstunfähigen Beamten ein Sicherungsniveau, das trotz kleinerer Kürzungen noch weit über dem Niveau der gesetzlichen Rentenversicherung liegt. Nach 40 Jahren werden 71,75 Prozent des letzten ruhegehaltsfähigen Gehalts erreicht. Wer vor dem 60. Lebensjahr dienstunfähig geschrieben wird, bekommt zwei Drittel der bis zum Alter 60 fehlenden Jahre als ruhegehaltsfähige Jahre „geschenkt".

Lediglich in den ersten fünf Jahren gehen Beamte im Fall einer krankheitsbedingten Dienstunfähigkeit leer aus. Nach Ablauf von fünf ruhegehaltsfähigen Dienstjahren bekommen Beamte bei Dienstunfähigkeit ein

Mindestruhegehalt, das – verglichen mit „normalen" Arbeitnehmern – eine sehr komfortable Absicherung darstellt. Für Bundesbeamte beträgt die amtsunabhängige Mindestversorgung beispielsweise 1.639,65 Euro für Ledige und 1.896,59 Euro für Verheiratete mit zwei Kindern (Stand 2016). Landesbeamte erhalten je nach Bundesland bis zu 10 Prozent weniger.

Beamte brauchen also eine zusätzliche private Berufsunfähigkeitsversicherung mit ganz speziellen Bedingungen (→ Seite 49).

Sonderfall Arbeitnehmer im öffentlichen Dienst

Auch die nicht verbeamteten Beschäftigten im öffentlichen Dienst oder in öffentlich-rechtlichen Körperschaften sind oft besser abgesichert als Arbeitnehmer in privatwirtschaftlichen Unternehmen. Sie sind zwar in der gesetzlichen Rentenversicherung pflichtversichert, ihre Rentenansprüche werden aber normalerweise über die Versorgungsanstalt des Bundes und der Länder (VBL) oder über vergleichbare Institutionen deutlich angehoben. Damit haben auch Arbeiter und Angestellte im öffentlichen Dienst grundsätzlich im Fall der Erwerbsminderung eine kleinere Versorgungslücke als Beschäftigte in der „freien Wirtschaft".

Allerdings ist eine VBL-Zusatzrente an die Erwerbsminderungsrente der gesetzlichen Rentenversicherung gekoppelt. Das heißt: Die VBL leistet nur, wenn eine Erwerbsminderungsrente gezahlt wird. Wem nur die halbe Erwerbsminderungsrente zugesprochen wurde, der bekommt auch nur die halbe VBL-Zusatzrente.

Sonderfall freie Berufe

Die freien Berufe genießen genau wie Selbstständige grundsätzlich keinen gesetzlichen Schutz und müssen sich deshalb in der Regel selbst versichern. Doch auch bei diesen Berufsgruppen gibt es Sonderregelungen.

Beispielsweise sind hauptberufliche Schriftsteller, freie Schauspieler, bildende Künstler, freie Journalisten und viele andere in der Künstlersozialkasse (KSK) grundsätzlich pflichtversichert und haben somit Anrecht unter anderem auf die gesetzliche Erwerbsminderungsrente. Doch Vorsicht: Das der KSK gemeldete Einkommen ist erfahrungsgemäß nicht allzu hoch und der hieraus resultierende Rentenanspruch folglich nur gering. Ein zusätzlicher Schutz ist somit dringend zu empfehlen.

Wieder anders sieht es bei den sogenannten Kammerberufen wie Rechtsanwälten, Notaren, Architekten, Ärzten oder Apothekern aus. Sie sind über die jeweilige Kammer pflichtversichert, wobei die Altersversorgung

auch eine Absicherung gegen Berufsunfähigkeit einschließt.

Allerdings hat diese Absicherung häufig erhebliche Schwächen. Die Versorgungswerke zahlen oft erst, wenn eine 100-prozentige Berufsunfähigkeit vorliegt, also gar keine Restleistungsfähigkeit mehr besteht. Mindestens ebenso problematisch ist, dass ein Arzt oder Rechtsanwalt seine Zulassung zurückgeben, also seine Tätigkeit vollständig aufgeben muss.

So sollten sich auch diese freien Berufe trotz der teuren Pflichtmitgliedschaft im Versorgungswerk zusätzlich privat absichern – zumindest solange die Versicherungsbedingungen der Versorgungswerke so unflexibel sind.

Deshalb der Tipp: Bevor Sie sich allein auf die Absicherung Ihrer Kammer verlassen, prüfen Sie genau die Klauseln. Ganz wichtig dabei ist, ab wie viel Prozent Berufsunfähigkeit eine Rente gezahlt wird.

Gesetzliche Unfallversicherung

Es gibt noch eine weitere Möglichkeit, eine Rente zu bekommen, und zwar aus der gesetzlichen Unfallversicherung – in der gewerblichen Wirtschaft besser bekannt unter der Bezeichnung „Berufsgenossenschaft". Allein darüber sind 3,3 Millionen Unternehmen und über 38 Millionen Versicherungsverhältnisse organisiert. In dieser Zahl sind auch Selbstständige und Freiberufler enthalten, die sich freiwillig versichern können. Eine Rente zahlt die gesetzliche Unfallversicherung, wenn nach einem Arbeits- oder Wegeunfall dauerhafte Schäden zurückbleiben oder wenn eine anerkannte Berufskrankheit festgestellt wird.

Für die Arbeitnehmer hat diese Versicherung einen unschlagbaren Vorteil: Sie zahlen keinen Cent, da die Beiträge voll vom Arbeitgeber getragen werden. Dafür erhalten sie bei schwerwiegender Invalidität eine Absicherung in einer Höhe, wie sie kein anderer Träger bietet: Bei 100-prozentiger Erwerbsminderung zahlt die Berufsgenossenschaft zwei Drittel des letzten Bruttogehalts. Das entspricht einer Absicherung des Nettogehalts – in manchen Fällen sogar mehr.

Bei geringeren gesundheitlichen Einschränkungen gibt es entsprechend weniger: Wer also zu 50 Prozent erwerbsgemindert ist, bekommt als Rente ein Drittel seines letzten

Darauf lässt sich nicht bauen!
Elke Weidenbach von der Verbraucherzentrale NRW urteilt: „Die Leistungen der gesetzlichen Unfallversicherung sind gut, doch darauf sollte man sich keinesfalls verlassen. Sie zahlt zwar bei Arbeits- und Wegeunfällen, doch die meisten Unfälle passieren in der Freizeit. Und sie zahlt bei Krankheiten, dann aber nur, wenn die Krankheit offiziell als Berufskrankheit anerkannt ist. Steht die Krankheit nicht auf der Liste, gibt es nichts."

Bruttoverdienstes – wer nur zu 25 Prozent erwerbsgemindert ist, bekommt ein Sechstel des letzten Bruttoverdienstes. Voraussetzung für eine Rente der Berufsgenossenschaft ist eine Erwerbsminderung von mindestens 20 Prozent. Dies würde zum Beispiel beim Verlust des Daumens anerkannt. 100 Prozent würden bei einer Querschnittslähmung durch einen Arbeitsunfall oder bei einem schweren Krebsleiden aufgrund einer anerkannten Berufskrankheit gewährt.

Die Angehörigen des öffentlichen Dienstes sind nicht in der Berufsgenossenschaft, sondern in den Unfallkassen versichert, die aber nach den gleichen Kriterien entschädigen. Gezahlt wird die Rente übrigens

BEISPIEL

So wird die Unfallrente berechnet

Bei 100-prozentiger Invalidität zahlt die Berufsgenossenschaft oder Unfallkasse (für den öffentlichen Dienst) eine Rente in Höhe von zwei Dritteln des letzten Gehalts. Doch meist ist der Invaliditätsgrad niedriger. Angenommen, Sie sind zu 40 Prozent erwerbsgemindert und hatten einen Jahresbruttoverdienst von 36.000 Euro, sieht die Rechnung so aus:

36.000 €	~ ²/₃	=	24.000 Euro	
24.000 €	~ 40 %	=	9.600 Euro	(Jahresrente)
9.600 €	: 12	=	800 Euro	(Monatsrente)

lebenslang sowie steuer- und abgabenfrei. Erhöht wird sie wie die Rente aus der gesetzlichen Rentenversicherung. Doch es gibt einen Wermutstropfen: Das Sicherungsniveau ist zwar hoch, doch es ist auch sehr schwer, eine Rente der Berufsgenossenschaft zu bekommen.

Zwar passieren jährlich rund 10 Millionen Unfälle in Deutschland, doch nur rund 10 Prozent davon sind Arbeits- und Wegeunfälle. Und nur wenige Betroffene behalten einen bleibenden Schaden zurück, der die Erwerbsfähigkeit dauerhaft um mindestens 20 Prozent mindert.

So wurden 2014 bei den Berufsgenossenschaften zwar rund 1 Million Arbeits- und Wegeunfälle gemeldet, doch wurde gerade einmal 19.537 Betroffenen im selben Zeitraum eine neue Rente zugesprochen. Sogar noch weniger Beschäftigten wurde eine Rente wegen einer anerkannten Berufskrankheit zugebilligt. So wurden 2014 zwar 71.685 neue Verdachtsfälle gemeldet, aber nur 5.155 neue Renten genehmigt.

Gegen den ablehnenden Bescheid der Berufsgenossenschaft oder Unfallkasse kann innerhalb von vier Wochen Widerspruch eingelegt werden. Bleibt die Unfallversicherung bei ihrer Einschätzung, kann der Betroffene wiederum innerhalb von vier Wochen beim zuständigen Sozialgericht Klage einreichen.

Fazit: Die gesetzliche Unfallversicherung gewährt zwar ein hervorragendes Absicherungsniveau für alle Arbeitnehmer (und die freiwillig einzahlenden Selbstständigen und Freiberufler). In der Praxis ist es jedoch schwer, in den Genuss einer solchen Rente zu kommen.

Vom „Geschäft mit der Angst" oder „Die Angst vorm Geschäft"

In einem Punkt sind sich Verbraucherschützer und Versicherungswirtschaft ausnahmsweise einig: Jeder sollte einen Schutz gegen Berufsunfähigkeit haben und so früh wie möglich einen Vertrag abschließen.

Versicherer schüren Ängste, verkaufen aber die falschen Produkte

Die Realität sieht allerdings so aus: Versicherer und ihre Vertreter machen den Kunden zwar mächtig Angst vor der Frühinvalidität, doch verkauft werden dann vielfach Unfall- und Rentenversicherungen. Dabei nutzen diese Produkte im Fall der Berufsunfähigkeit eher wenig. Zwar passieren tatsächlich viele, auch schwere Unfälle, doch zum Glück führen nur wenige zu dauerhaften Schäden und zur Berufsunfähigkeit. Nur bei Berufsunfähigen unter 20 Jahren spielen Unfälle die dominierende Rolle. Bei allen anderen Altersgruppen sind es ganz überwiegend schwere Krankheiten, die berufsunfähig machen.

Dann hilft eine Unfallversicherung nicht. Dafür macht sie die Versicherer glücklich: Den Einnahmen von 6,5 Milliarden Euro stehen nur Leistungsausgaben von 3,2 Milliarden Euro gegenüber. Eine „Gelddruckmaschine", titelte der Branchendienst MAP-Report, an der die Makler und Vertreter in Form von Provisionen beteiligt werden. Auch für den Abschluss von Renten- und Lebensversicherungen können sie üppige Provisionen einstreichen.

Ergebnis: Der Kunde bleibt oft ohne die notwendige Berufsunfähigkeitsversicherung. Die ist für Vermittler schlicht zu beratungsintensiv. Und er riskiert, ohne Provision dazustehen, falls die Versicherung den Antrag komplett ablehnt. Auch für die Versicherungszentralen bedeutet das Produkt

▶ HINTERGRUND

So versichern sich Versicherungen: Ablehnungen, Ausschlüsse und Zuschläge

Versicherer wollen naturgemäß ihr Risiko minimieren. Also werden möglichst alle Vorschäden von der Versicherung ausgeklammert. Wer beispielsweise bereits Sportverletzungen an Knie oder Knöchel hatte, muss damit rechnen, dass diese Körperteile vom Versicherungsschutz ausgeschlossen werden. Folge: Sollte eine spätere Berufsunfähigkeit ursächlich zum Beispiel auf Kniebeschwerden beruhen, gibt es keine Rente.

Eine andere Strategie sind saftige Risikozuschläge. Hat ein Kunde beispielsweise erblich bedingt einen erhöhten Cholesterinspiegel, muss er mit einem Extrabeitrag von 50 Prozent rechnen. Kommen dazu noch andere Leiden, wie etwa Bluthochdruck, erhält er möglicherweise gar keine Versicherung. Keinen Versicherungsschutz bekommen beispielsweise Krebspatienten, Herz- und Schlaganfallpatienten, Personen mit Diabetes oder schwerem Rheuma. Aber auch Frauen und Männer, die bereits in psychiatrischer Behandlung waren oder an Allergien leiden, haben nur geringe Chancen auf einen Vertrag, auch wenn sie aktuell nicht unter Beschwerden leiden.

viel Arbeit: Da müssen die Antragsformulare mit zahlreichen Gesundheitsfragen ausgewertet und nicht selten bei Ärzten Erkundigungen eingeholt werden. Anschließend muss das Krankheits- und Berufsrisiko genau bewertet und über Ablehnungen, Ausschlüsse und Beitragszuschläge entschieden werden.

Ein Armutszeugnis

Axel Kleinlein vom Bund der Versicherten urteilt: „Es ist schlicht ein Armutszeugnis für die Versicherungswirtschaft, dass sie eine so wichtige Versicherung nicht besser verkaufen will. Auch bei eher harmlosen Vorerkrankungen werden zunehmend Anträge von der Zentrale abgelehnt. Die Menschen wollen den Schutz, bekommen ihn aber nicht. Wenn sich daran nichts ändert, muss der Gesetzgeber handeln: Wir brauchen dann einen Annahmezwang und dazu geeignete und bezahlbare Produkte."

Wenn tatsächlich der Leistungsfall, also die Berufsunfähigkeit eintritt, wird es teuer: Wer mit 40 Jahren dauerhaft berufsunfähig wird und monatlich eine Rente von 1.500 Euro versichert hat, kostet die Versicherung bis zum Alter von 65 immerhin 450.000 Euro! Und weil niemand vorhersehen kann, wie viele Arbeitnehmer zukünftig wegen psychischer Probleme berufsunfähig werden, hält sich das Interesse vieler Versicherer an dieser wichtigen Versicherung offenbar in Grenzen. Bleibt die Frage: Wie bekommen Sie einen Vertrag und wie muss dieser aussehen?

Wichtig sind dabei die richtige Rentenhöhe und vor allem gute Versicherungsbedingungen, denn die sind entscheidend, ob im Ernstfall auch wirklich die Rente fließt. Deshalb sollten Sie eine Berufsunfähigkeitsversicherung keinesfalls allein nach dem Preis aussuchen. Was nutzt Ihnen eine preiswerte Versicherung, wenn sie am Ende nicht zahlt?

Gute Versicherungsbedingungen zu finden ist heute nicht mehr so schwer wie noch vor einigen Jahren. Welche Klauseln wichtig sind, erfahren Sie ab Seite 81.

 HINTERGRUND

Kümmerlich

Stolz vermelden die Versicherer für 2014 die Zahlung von Berufsunfähigkeitsrenten in einer Gesamthöhe von 1,8 Milliarden Euro. Die verteilen sich auf rund 250.000 laufende Renten, sodass ein Berufsunfähigkeitsrentner statistisch nur rund 600 Euro monatlich erhält. Das ist noch weniger als die staatliche Rentenkasse für eine volle Erwerbsminderungsrente zahlt. Die Deutsche Rentenversicherung schüttete 2014 für ihre knapp 1,8 Millionen Erwerbsminderungsrentner Renten in einer Gesamthöhe von 16,1 Milliarden Euro aus. Da bleibt für die privaten Berufsunfähigkeitsversicherer also noch viel Luft nach oben.

Strategien der Verweigerung

Wie wichtig kundenfreundliche Versicherungsbedingungen sind, beweist die Praxis. Dass Versicherungen im Ernstfall schnell und unkompliziert zahlen, ist leider nicht die Regel. Im Gegenteil: Verbraucherschützer und Versicherungsexperten registrierten oft eine raffiniert ausgefeilte Strategie, Rentenansprüche abzuwehren. Aus Sicht der Versicherungen ist das sinnvoll. Schließlich sum-mieren sich die Zahlungen, wenn Berufsunfähigkeitsrenten beispielsweise 30 Jahre lang fließen, leicht auf 500.000 Euro oder mehr. Steht dem Versicherungsunternehmen ein solcher Großschaden ins Haus, so wird aus dem „guten Partner" nicht selten ein erbitterter Gegner.

Was in einem solchen Fall auf einen Kunden zukommen kann, zeigt der Fall des Kleinunternehmers Dieter B. Bei einem der größten europäischen Anbieter hatte er sich gegen Berufsunfähigkeit versichert. 1.500 Euro

monatlich sollte er im Ernstfall bekommen. Als er kurz nach seinem 50. Geburtstag von einem schweren Herzinfarkt getroffen wurde, war an Arbeit nicht mehr zu denken. Dennoch zahlte die Versicherung zunächst keinen Cent. Sieben Jahre und ein Rechtsstreit über mehrere Instanzen vergingen, bis der schwerkranke Dieter B. endlich eine Berufsunfähigkeitsrente bekam. Einen so langen Atem haben nur wenige.

1. Stufe: Verzögerung

Durch „scheibchenweises" Anfordern der notwendigen Unterlagen wird das Verfahren häufig in die Länge gezogen. In Einzelfällen dauert es rund zwei Jahre, bis die Versicherung über die Zahlung oder Nichtzahlung der Rente entschieden hat. So lange stehen die Kunden in jedem Fall ohne Geld da.

Schlimmer noch: Wenn die Versicherung nicht bis zur Entscheidung die Beiträge stundet, muss der Versicherte – der möglicherweise kein Einkommen mehr hat – sogar weiter Beiträge zahlen. Versäumt er dies, geht damit der Versicherungsschutz verloren.

Deshalb gilt: Achten Sie darauf, dass während der Leistungsprüfung die Beiträge automatisch oder auf Antrag zinslos gestundet werden (→ Seite 86) und dass bei festgestellter Berufsunfähigkeit die Rente rückwirkend von Beginn an gezahlt wird (→ Seite 85).

2. Stufe: Anzweifeln der Berufsunfähigkeit

Häufig werden die medizinischen Gutachten angezweifelt, etwa wenn sie von einem Arzt stammen, bei dem der Versicherte aktuell in Behandlung ist. Dann wird Befangenheit unterstellt.

So war es auch bei Dieter B., dessen Hausarzt ihm eine 100-prozentige Berufsunfähigkeit bescheinigt hatte. Nicht einmal die eindeutigen Gutachten sowohl einer Universitätsklinik als auch der Reha-Klinik überzeugten die Versicherung. Möglicherweise könne Dieter B. ja doch noch arbeiten oder die Krankheit habe sich inzwischen gebessert, mutmaßte der Versicherer. Immer neue, ergänzende Gutachten wurden verlangt. Dieter B. hatte den Eindruck, man wolle ihn als „Simulanten" diffamieren, und reichte schließlich die Klage ein.

Deshalb gilt: gut ist, wenn Ihr Vertrag einen erleichterten Nachweis durch eindeutige Kriterien für eine Berufsunfähigkeit ermöglicht (→ Seite 87). Günstig ist auch, wenn der Versicherer in seinen Bedingungen das Gutachten des behandelnden Arztes zumindest zulässt. Fair ist zudem, wenn die Versicherung vor dem ablehnenden Bescheid eine Prüfung zum Beispiel durch einen unabhängigen Versicherungsberater zulässt und auch bezahlt.

3. Stufe: Verweisung auf eine andere Tätigkeit

Nachdem Dieter B.s Berufsunfähigkeit durch die vom Gericht bestellten Gutachter geklärt war, gab sich seine Versicherung immer noch nicht geschlagen: Sie brachte die abstrakte Verweisung ins Spiel und hielt Dieter B. vor, dass er – auch wenn er den eigenen Betrieb nicht mehr leiten könne – doch in einem anderen Betrieb zum Beispiel als Disponent arbeiten könne. Dies bedeute weniger Stress und weniger Stundenbelastung. Eine Rente sei dann überflüssig. Das Gericht sah das anders. Angesichts seines Gesundheitszustands könne er auch den Verweisungsberuf nicht schaffen.

Die abstrakte Verweisung spielte in der Vergangenheit bei den Abwehrbemühungen der Versicherer eine große Rolle. Deshalb gilt: Wer heute neu abschließt, sollte unbedingt darauf achten, dass der gewählte Tarif einen Verzicht auf die abstrakte Verweisung vorsieht. Damit ist die Frage der Berufsunfähigkeit klar auf den ausgeübten Beruf eingegrenzt. Eine Verweisung auf ähnliche Tätigkeiten und damit die Verweigerung der Rente ist nicht möglich (→ Seite 123).

4. Stufe: vorvertragliche Anzeigepflichtverletzung

Nachdem der medizinische Stand geklärt und die Verweisung abgeschmettert war, gab es für Dieter B. aber immer noch keine Rente. Denn die Versicherung zog noch einen letzten Joker und pochte auf eine angebliche vorvertragliche Anzeigepflichtverletzung.

Darauf muss sich leider jeder einstellen: Ein zahlungsunwilliger Versicherer wird möglicherweise behaupten, dass bei Vertragsschluss Vorerkrankungen verschwiegen worden seien und er deshalb nicht zahlen müsse.

So auch Dieter B.s Versicherung: B. habe seit längerem bestehende Magenbeschwerden verschwiegen. Der Vertrag sei also nur unter Vorspiegelung falscher Tatsachen zustande gekommen. Hätte das Unternehmen von den Magenbeschwerden gewusst, hätte es B. womöglich nicht versichert.

Diese Phase ist gefährlich: Da Sie mit Abschluss einer Berufsunfähigkeitsversicherung alle behandelnden Ärzte von ihrer Schweigepflicht entbinden, wird der Versicherer diese auch befragen und notfalls in alten Krankenakten forschen. Kann der Versicherer beweisen, dass Fakten verschwiegen wurden, um sich den Versicherungsschutz zu erschleichen, kann er den Vertrag wegen arglistiger Täuschung anfechten und muss nicht zahlen (→ Seite 102).

Dieter B. hatte Glück: Das Gericht sah in dem im Versicherungsantrag unerwähnt gebliebenen Sodbrennen und in der Einnahme rezeptfreier Arzneimittel keine „Obliegenheitsverletzung". Da Dieter B. sich selbst behandelte, habe er die Erkrankung offenkundig als nur leicht empfunden. Mithin könne keine Täuschungsabsicht bei Vertragsschluss unterstellt werden. Also sei auch keine Anfechtung wegen arglistiger Täuschung möglich – Dieter B. bekam Recht.

Die vorvertragliche Anzeigepflichtverletzung ist für den Versicherten eine große Gefahr. Bleiben Sie deshalb bei der Beantwortung der Gesundheitsfragen unbedingt ehrlich. Wählen Sie einen Tarif, der die Gesundheitsfragen auf einen überschaubaren Zeitraum begrenzt (→ Seite 88).

5. Stufe: Angebot einer Abfindung

Alle genannten Strategien kommen möglicherweise in einem Rechtsstreit über mehrere Instanzen zum Einsatz. Das dauert Jahre, ist enorm belastend und zudem sehr teuer. Einen solchen Rechtsstreit kann sich ein Versicherter in der Regel nur mit einer Rechtsschutzversicherung leisten. Doch auch wenn der Anwalt bezahlt wird, fehlt aufgrund der Krankheit meist das regelmäßige Einkommen, und dem Versicherten geht allmählich die Luft aus. Genau dann kommt häufig ein „großzügiges" Angebot der Versicherung: Sie bietet einige zehntausend Euro als Abfindung. Wer sich nicht darauf einlässt, bekommt möglicherweise später noch ein etwas besseres Angebot.

Lassen Sie sich keinesfalls vorschnell auf einen Vergleich ein. Rechnen Sie sich aus, welche Gesamtsumme Ihnen bis zum Ende der Leistungszeit, also möglicherweise bis zum 65. oder 67. Geburtstag zusteht. Damit wissen Sie, was das Angebot wert ist. Oft ist ein Abfindungsangebot ein Indiz, dass die Versicherung nicht mehr glaubt, vor Gericht gewinnen zu können. Allerdings gilt auch: Für den, der schwer krank ist, kann eine Abfindung durchaus Sinn machen.

→ **TIPP Drum prüfe, wer sich lange bindet ...**
Es ist ungemein wichtig, nicht „irgendeine" Berufsunfähigkeitsversicherung abzuschließen. Es sollte eine Versicherung mit guten Bedingungen sein, die zahlt, wenn es darauf ankommt.

Eine Versicherung, die optimal zu Ihren persönlichen Merkmalen (Beruf, Vorerkrankungen, sonstige Risiken) passt. Die folgenden Kapitel sollen Sie in die Lage versetzen, Ihren Versicherungsschutz optimal zu gestalten und Versicherungstarife mit fairen Bedingungen zu finden. Aktuelle Tests finden Sie darüber hinaus von der Stiftung Warentest in der Zeitschrift *Finanztest* oder im Internet unter www.test.de.

Keinesfalls sollten Sie vorschnell bei einem Versicherungsvertreter oder in einer Bankfiliale einen Vertrag abschließen, keinesfalls übereilt eine Kombination von Renten- und Berufsunfähigkeitsversicherung wählen.

Nehmen Sie vor Abschluss bei Bedarf die Hilfe der Verbraucherzentralen (Adressen → Seite 174) oder unabhängiger Versicherungsberater (→ Seite 174) in Anspruch. Das kostet zwar ein Honorar, ist aber langfristig sicher günstiger als ein schlechter Versicherungsvertrag.

Der Weg zu einer guten Berufsunfähigkeits- versicherung

Der Weg zu einem guten Versicherungsschutz gleicht einem Hindernisrennen. Wie so oft im Leben sind Chancen und Risiken ungleich verteilt. Doch wenn Sie sich gut informieren und die richtige Taktik anwenden, verbessern Sie Ihre Optionen.

Wer jung und gesund ist, geht mit Vorsprung auf die Strecke. Wer jedoch schon ein paar Jahre mehr zählt oder in einem risikoreichen Beruf arbeitet, der hat von Beginn an einen Rückstand, muss höhere Hürden nehmen und wird im schlimmsten Fall keinen Versicherungsschutz erhalten.

In drei Schritten zum Vertrag

Probleme, einen guten Versicherungsschutz zu bekommen, haben vor allem Personen mit Risikoberufen und/oder schweren Vorerkrankungen. Personen, auf die beides zutrifft, im Diagramm (→ Seite 45) mit − − gekennzeichnet, werden es besonders schwer haben, eine Versicherung zu finden. Ihnen bleibt vermutlich nichts anderes übrig, als sich nach einem Gruppenvertrag umzusehen, der dank einer erleichterten Gesundheitsprüfung die Aufnahme ermöglicht.

„Glückspilze" sind, versicherungstechnisch betrachtet, die jungen, kerngesunden Interessenten mit einem risikoarmen (Büro-) Job, im Diagramm mit **+ +** bezeichnet. Sie werden von jeder Versicherung gern genommen, können ihren Vertrag optimieren und damit rechnen, einen preiswerten Tarif mit fairen Versicherungsbedingungen zu finden.

Bei allen, die im Bereich **+ −** liegen, wird es schwieriger. Sie müssen – und zwar gleichzeitig! – mehrere Anträge stellen. Dabei gilt die Faustregel: Je gravierender die Vorerkrankung und/oder je risikoreicher der Beruf, desto mehr Anträge sollten verschickt werden.

→ **TIPP** Problem: schwarze Liste

Wenn Sie einen Versicherungsantrag stellen, müssen Sie ehrliche Angaben machen. Wichtig zu wissen: Mit Ihrer Unterschrift unter den Versicherungsantrag ermächtigen Sie den Versicherer auch zur Weitergabe Ihrer Daten, die in der zentralen Datei der Versicherungswirtschaft landen können (Hinweis- und Informationssystem HIS des Gesamtverbands der Deutschen Versicherungswirtschaft, GDV). Jede Vorerkrankung, jeder Versicherungsausschluss und jede Ablehnung sind damit aktenkundig und beeinflussen das Annahmeverhalten anderer Versicherungsunternehmen, bei denen Sie später einen Versicherungsantrag stellen sollten. Deshalb ist es wichtig, immer gleichzeitig Anträge bei mehreren Versicherern zu stellen. Dann können Sie wahrheitsgemäß angeben, noch keine Ablehnung bekommen zu haben.

Nun könnten Sie auf den Gedanken kommen, im Antrag die Klausel durchzustreichen, mit der die Weitergabe der Daten an die Zentraldatei des Versicherungsverbands gebilligt wird. Das wird Ihnen vermutlich wenig nutzen. Denn dann bekommen Sie kein bindendes Angebot. Nur wenn Sie die Karten offen auf den Tisch legen, wird Sie die Versicherung aufnehmen.

Wollen Sie sich einen ersten Überblick verschaffen, ohne registriert zu werden, geht das am besten per Internet. Viele Versicherer bieten dort Angebotsrechner an. Nach wenigen Angaben wird ein Vorschlag für eine Berufsunfähigkeitsversicherung errechnet. Anonym – aber eben nicht verbindlich.

Sie können einmal pro Jahr kostenfrei Auskunft darüber verlangen, ob etwas im HIS über Sie gespeichert wurde. Schriftliche Anfragen (telefonische werden nicht bearbeitet!) richten Sie unter Angabe Ihres vollständigen Namens, Ihres Geburtsdatums und Ihrer Adresse sowie nach einem Umzug auch Ihrer früheren Adresse an:

informa
HIS GmbH
Abt. Datenschutz
Rheinstraße 99, 76532 Baden-Baden

Die Chancen, eine gute Berufsunfähigkeitsversicherung abzuschließen, hängen also grundlegend von Ihren persönlichen Merkmalen ab. Über diese gilt es sich im ersten Schritt Klarheit zu verschaffen. Im zweiten Schritt sollten Sie den Vertrag optimal ausgestalten (→ Seite 65) und im dritten Schritt

Wer hat die besten Chancen?

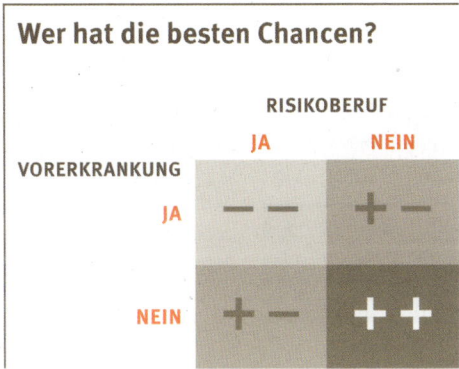

einen Tarif mit kundenfreundlichen Versicherungsbedingungen (→ Seite 81) finden. Für alle, die keine optimalen Voraussetzungen mitbringen, gilt: Die Suche wird schwieriger, ist aber keineswegs aussichtslos. Unter Umständen müssen Abstriche im Versicherungsumfang hingenommen oder höhere Prämien akzeptiert werden.

Der erste Schritt: persönliche Merkmale erkennen!

Am Anfang steht eine Bestandsaufnahme: Alter, Beruf, Vorerkrankungen, Hobbys. Von Ihren individuellen Merkmalen hängt die weitere Strategie ab. Ihr Alter und vor allem Ihr Gesundheitszustand setzen die Limits dafür, welchen Versicherungsschutz Sie überhaupt (noch) bekommen können und zu welchem Preis. Aber auch der Beruf ist wichtig;

es gibt Berufe wie Sprengmeister oder Musiker, die sich schwer oder gar nicht versichern lassen. Wer seine Chancen kennt, kann sich darauf einstellen.

Das Lebensalter – je jünger, desto billiger
Prinzipiell gilt: Je später im Leben ein Vertrag abgeschlossen wird, desto teurer wird die Versicherung. Denn ab dem 40. und ganz besonders ab dem 50. Lebensjahr steigt das Risiko, berufsunfähig zu werden, dramatisch an. Die Gesellschaften honorieren deshalb einen frühen Versicherungsbeginn mit niedrigen Prämien.

→ **TIPP Nicht zu lange warten**
Schließen Sie eine Berufsunfähigkeitsversicherung zwar keinesfalls übereilt, aber doch so früh wie möglich ab.

Immer mehr Versicherungen bieten schon für Azubis und Studenten einen Versicherungsschutz. Gut ist, wenn in diesem Fall bereits der angestrebte Beruf versichert werden kann. Manche Versicherungen bieten zunächst nur einen Erwerbsunfähigkeitsschutz (→ Seite 73), der aber später in einen vollwertigen Berufsunfähigkeitsschutz (ohne neue Gesundheitsprüfung) umgewandelt werden kann. Es sollte auch sichergestellt sein, dass die versicherte Rente später großzügig per Nachversicherungsgarantie (→ Seite 76) erhöht werden kann.

Früher Vertragsabschluss lohnt sich

Beispiel einer selbstständigen Berufsunfähigkeitsversicherung
Nichtraucher, kaufmännischer Angestellter im Innendienst (100 % kaufmännisch tätig), Endalter 67, garantierte monatliche BU-Rente 1.000 Euro,
jährliche Zahlweise, Überschusssystem Sofortrabatt, 5 Sterne im M&M
BU-Rating, Beiträge auf 1 Euro gerundet

EINTRITTSALTER	GÜNSTIGER ANBIETER	
	jährlicher Maximal-beitrag (Euro)	jährlicher Zahl-beitrag (Euro)
30	825	594
35	922	664
40	1.042	750
45	1.181	850
50	1.312	945

Quelle: MORGEN & MORGEN GmbH, Stand MMOffice 3.29.001, April 2016, ID L16007

Das Geschlecht – Männer und Frauen zahlen gleich viel

Seit dem 21.12.2012 müssen Neuverträge für Männer und Frauen gleich kalkuliert werden, im Fachjargon als „unisex" bezeichnet. Das heißt: Wer neu abschließt, zahlt unabhängig vom Geschlecht einen gleich hohen Beitrag. Betroffen sind davon sowohl die selbstständigen Verträge (SBU) als auch die Kombitarife (BUZ). Für Frauen wurde es hierdurch geringfügig billiger, für Männer teurer. Eine „Preisexplosion" bei Berufsunfähigkeitspolicen blieb jedoch aus, da der Wettbewerb um männliche Kunden saftige Erhöhungen verhinderte und der Beruf wichtigstes Risikomerkmal blieb.

Der Beruf – am besten stressfrei und ungefährlich

Je riskanter der Beruf, desto teurer ist der Versicherungsschutz. Riskant bedeutet: Die Versicherung hält es für sehr wahrscheinlich, dass Sie in diesem Beruf tatsächlich irgendwann berufsunfähig werden. Klassische Beispiele sind etwa Fliesenleger, Dachdecker oder Gerüstbauer (→ Seite 19: Tabelle „Riskante und wenig riskante Berufe"). Hier hält kaum ein Arbeitnehmer bis zur normalen Altersrente durch. Grundsätzlich müssen körperlich Tätige mit höheren Prämien rechnen als „Kopfarbeiter". Wer einen besonders riskanten Beruf hat, wird bei vielen Gesellschaften sogar überhaupt nicht versichert. Deutlich wird ein grundlegendes Dilemma: Wer den Berufsunfähigkeitsschutz am dringendsten braucht, bekommt ihn entweder überhaupt nicht oder nur zu einem Preis, den er sich womöglich nicht leisten kann.

Die Versicherer arbeiten traditionell mit Berufsgruppen. Sie sortieren die Vielzahl der Berufe in Schubladen. Die aus Sicht der Versicherer „guten Risiken" landen in der Kate-

Einige haben's schwer!
Einen guten und obendrein preiswerten Vertrag bekommt leider nicht jeder, weiß Beate-Kathrin Bextermöller von *Finanztest*: „Wer nicht vollständig gesund ist, muss mit Schwierigkeiten rechnen. Viele Vorerkrankungen werden in der Regel vom Versicherungsschutz ausgeklammert. Auch wer einen Risikoberuf ausübt, hat's schwer. Er zahlt höhere Prämien oder wird bei einigen Versicherern nur mit kleiner Rente, einer verkürzten Laufzeit oder auch überhaupt nicht versichert. Dazu zählen oft, das mag vielleicht viele überraschen, Künstler, Fotografen oder Musiker."

 HINTERGRUND

Künstler unerwünscht

Nach einer Umfrage der Zeitschrift *Finanztest* unter ihren Lesern bekam nur jeder Vierte den Vertrag, den er sich vorgestellt hatte. Viele konnten nur eine geringere Rentenhöhe oder kürzere Laufzeiten vereinbaren. Besondere Probleme haben Künstler. Trotz ihrer qualifizierten Ausbildung erhalten sie häufig überhaupt keinen Berufsunfähigkeitsschutz. Die Erklärung: Maler, Bildhauer, Schauspieler und Musiker sind in besonderer Weise auf eine gute körperliche Konstitution angewiesen. Darin sehen viele Versicherer offenbar ein zu hohes Risiko.

gorie 1 oder A, für besonders risikolose Berufe wurde sogar eine Kategorie 1+ oder A+ geschaffen. Das sind beispielsweise Kammerberufe wie Notare oder Steuerberater. Dann folgen in den nächsten Gruppen Berufe mit leichtem, mittlerem, schwerem und schließlich jene mit besonders hohem Risiko. Das sind beispielsweise Maurer oder Zimmerleute.

Während sich die Versicherungen früher mit vier oder fünf Berufsgruppen begnügten, arbeiten immer mehr Gesellschaften heute mit sechs, acht, zehn oder noch mehr Kate-

Eine typische Berufsgruppeneinteilung

BERUFSGRUPPE	BERUFSBEISPIELE
1+	Apotheker, Architekt, Bankkaufmann, Controller, Ingenieur, Wirtschaftsprüfer
1	medizinischer Fachangestellter (ehem. Arzthelfer), Augenoptiker, pharmazeutisch-technischer Assistent, Psychologe, Verwaltungsfachangestellter, Zahnarzt
2+	Berufsschullehrer, Elektromeister (aufsichtsführend), Kfz-Meister (aufsichtsführend), Sozialarbeiter, zahnmedizinischer Fachangestellter (ehem. Zahnarzthelfer)
2	Bäckereifachverkäufer, Elektriker, Gastronom, Hausmeister, Kfz-Mechatroniker (ehem. Kfz-Mechaniker), Fachkraft für Lagerlogistik (ehem. Lagerist)
3	Altenpfleger, Möbeltischler, Dachdecker, Friseur, Gebäudereiniger, Koch, Kraftfahrer
4	Bäcker, Bauarbeiter, Briefzusteller, Fleischer, Fliesenleger, Anlagenmechaniker für Sanitär- und Klimatechnik (ehem. Heizungsinstallateur), Schornsteinfeger

(Quelle: Hannoversche Leben, Juni 2016; Berufsbezeichnungen aktualisiert)
Die Zuordnung der Berufe zu den Berufsgruppen erfolgt je nach Versicherungsunternehmen unterschiedlich.

gorien. Die Folge: Gute Risiken können sich noch preiswerter versichern, für schlechte Risiken wird es noch teurer, wenn sie beispielsweise in Gruppe 9 oder 10 landen.

Ob allerdings die traditionelle Bevorzugung der gut ausgebildeten „Kopfarbeiter" deren tatsächliches Risiko widerspiegelt ist umstritten. Der starke Anstieg psychischer Erkrankungen (→ Seite 17), der vor allem klassische Bürojobs betrifft, rechtfertigt ihre günstige Einstufung eigentlich nicht mehr.

Spätere Berufswechsel wirken sich grundsätzlich weder prämienerhöhend noch -senkend aus. Sie müssen den Wechsel in einen gefährlicheren Beruf auch nicht melden. Es gilt der Grundsatz: Die einmal erfolgte Risikoeinstufung bleibt, egal was Sie später machen sollten. Allerdings gibt es einige Versicherer, die freiwillig anbieten, dass der

HINTERGRUND

Abgelehnt

Eine Auswahl schwer versicherbarer Berufe: Profisportler, Sporttrainer, Artisten, Stuntman, Dompteure, Berufstaucher, Soldaten, Berufspiloten, Fotomodelle, Mannequins, Sprengstoffexperten, Kampfmittel- und Minenräumer, Künstler, Künstlervermittler, Personenschützer, Musiker, Schriftsteller, Testpiloten, Sänger, Schauspieler.

Wechsel in einen risikoärmeren Beruf gemeldet werden kann. Führt dies zu einer Einstufung in eine günstigere Berufsgruppe, wird die Prämie reduziert.

Angebote für Hausfrauen und Hausmänner

Auch Hausfrauen und Hausmänner erhalten bei immer mehr Versicherungen einen Berufsunfähigkeitsschutz. Ein solcher Schutz, soweit man ihn sich leisten kann, ist sinnvoll: Fällt die Arbeitskraft der Hausfrau/des Hausmanns weg und sind beispielsweise Kinder zu versorgen, muss unter Umständen eine professionelle Fachkraft engagiert werden. Das Problem: Ein solcher Schutz ist relativ teuer, und Hausfrauen/Hausmänner können bei vielen Anbietern nur eine Höchstrente von 1.000 Euro im Monat versichern. Wer also bereits in der vorher ausgeübten Be-

Elegant ausgegrenzt

Elke Weidenbach, die Versicherungsexpertin der Verbraucherzentrale NRW, beobachtet, dass die Gesellschaften ihre Versicherten immer kleinteiliger in immer mehr Berufsgruppen einsortieren: „Das hat zur Folge, dass die guten Risiken zwar preiswerter versichert werden, aber die, die den Schutz wirklich brauchen, bleiben auf der Strecke. Sie landen in einer so ungünstigen Berufsgruppe, dass ein Vertrag aus Kostengründen nicht in Frage kommt. Die Versicherer verhindern somit elegant den Vertragsabschluss und schrecken dadurch Personen ab, die sie im Grunde gar nicht versichern wollen."

rufstätigkeit eine Berufsunfähigkeitsversicherung abgeschlossen hatte, sollte diese möglichst aufrechterhalten. Auch wenn Hausfrauen/Hausmänner normalerweise als gefährdeter eingestuft werden als zum Beispiel Büroangestellte, darf die Versicherung die Prämie nicht erhöhen.

Angebote für Beamte

Eine Sonderstellung nehmen Beamte ein. Da sie bereits nach fünf Dienstjahren Anspruch auf eine relativ hohe Mindestversorgung haben, brauchen sie einen maßgeschneiderten

Berufsunfähigkeitsversicherung für Hausfrauen?

Elke Weidenbach, Versicherungsexpertin der Verbraucherzentrale NRW, urteilt: „Die Tarife für Hausfrauen beziehungsweise Hausmänner sind recht teuer, weil dieser Beruf als riskant eingestuft wird. Daher dürfte es vielen schwerfallen, zusätzlich zur Police für den Hauptverdiener – denn der sollte auf jeden Fall einen Berufsunfähigkeitsschutz haben – eine weitere Police zu bezahlen. Außerdem ist zu bedenken, dass der Anteil der Unfälle im privaten Haushalt relativ hoch ist. Wer also die Hausfrau oder den Hausmann absichern möchte, könnte auch über eine Unfallversicherung nachdenken. Die ist in jedem Fall preiswerter. Allerdings bietet sie für ,normale' Erkrankungen mit anschließender Berufsunfähigkeit keinen Versicherungsschutz."

Schutz. Die vereinbarte Rente muss zu Beginn recht hoch sein und kann später in dem Maß geringer ausfallen, in dem die Ansprüche aus dem Beamtenverhältnis wachsen. Wem das Mindestruhegehalt (→ Seite 30) im Ernstfall reicht, der braucht genau genommen sogar nur eine Berufsunfähigkeitsversicherung mit einer fünfjährigen Versiche-

rungszeit. Zahlen sollte die Versicherung allerdings so lange, wie es sich vertraglich vereinbaren lässt.

Beamte sollten außerdem darauf achten, dass ihr Vertrag möglichst eine „echte" Dienstunfähigkeitsklausel enthält (DU-Klausel). Damit wird garantiert, dass aus der beamtenrechtlichen Dienstunfähigkeit aus medizinischen Gründen automatisch die Zahlung der Berufsunfähigkeitsrente folgt. Es ist entscheidend, dass die Versicherung sich tatsächlich an das Urteil des Amtsarztes hält und nicht selbst die Dienstunfähigkeit durch eigene Gutachter prüfen lässt. Bevor Beamte eine Berufsunfähigkeitsversicherung abschließen, sollten Sie in jedem Fall erst Ihre aktuellen Ansprüche abklären.

Beamte haben vielfach Probleme, Versicherungsschutz zu bekommen, und müssen generell mit abgekürzten Versicherungszeiten rechnen. Denn in der Vergangenheit wurden vor allem bei Post, Bahn und Telekom sehr viele Beamte dienstunfähig geschrieben. Beamte gelten der Versicherungswirtschaft deshalb als schwer kalkulierbares Risiko. Viele Versicherer haben die für Beamte vorteilhafte Dienstunfähigkeitsklausel gestrichen.

→ **TIPP Für Beamte wichtig: echte Dienstunfähigkeitsklausel**
Bleiben Sie hartnäckig und versuchen Sie, als Beamter eine Versicherung zu

finden, die Sie mit einer echten Dienstunfähigkeitsklausel versichert. Als Lehrer sollten Sie besonders viele Anträge gleichzeitig stellen, da mit vielen Ablehnungen und Einschränkungen zu rechnen ist. Wenn diese Anträge scheitern, könnten Sie als „Notnagel" versuchen, kürzere Versicherungszeiten, etwa 10 oder 15 Jahre, zu vereinbaren. Das werden die Versicherer eher akzeptieren. Ein begrenzter Schutz ist besser als gar keiner, und nach Ablauf der Versicherungszeit haben Sie als Beamter Anspruch auf die Mindestversorgung. Wichtig: Die Leistungszeit sollte bis zum maximal möglichen Endalter vereinbart werden.

Arbeitnehmer im öffentlichen Dienst

Wer im öffentlichen Dienst arbeitet, sollte zunächst seine Zusatzansprüche aus der Versorgungsanstalt des Bundes und der Länder (VBL) oder vergleichbarer Einrichtungen prüfen, bevor er eine private Berufsunfähigkeitsversicherung abschließt. Zusammen mit den Ansprüchen aus der gesetzlichen Rente kann dies möglicherweise – vor allem wenn Sie schon etwas älter sind – bereits ausreichen. Für jüngere Arbeitnehmer kommen, ähnlich wie für Beamte, möglicherweise Angebote mit kürzeren Versicherungszeiten infrage. Diese sichern dann nur die Phase des beruflichen Einstiegs ab, in der die Versor-

 HINTERGRUND

Maßarbeit für Beamte

Gerade Beamte brauchen einen individuell gestalteten Versicherungsschutz. Sie können, verglichen mit „normalen" Arbeitnehmern, mit kürzeren Versicherungszeiten leben. Das macht ihre Versicherung billiger. Deshalb müssen sie unbedingt, bevor sie eine Berufsunfähigkeitsversicherung abschließen, ihre derzeitigen Ansprüche ermitteln und klären, wie sich diese zukünftig entwickeln werden. Andernfalls würden sie sich vermutlich überversichern. Beamte wenden sich hierzu an ihre zuständige Besoldungsstelle, also etwa das Landesbesoldungsamt, oder auch an ihre Gewerkschaft.

gungsansprüche noch gering sind. Die Leistungsdauer der Versicherung sollte jedoch stets bis zum Renteneintrittsalter festgelegt werden.

Beim Antrag auf eine zusätzliche private Berufsunfähigkeitsversicherung müssen die Ansprüche aus der VBL angegeben werden. Die Versicherer wollen damit eine Überversicherung vermeiden.

Arbeitnehmer in Großbetrieben

Zusätzliche Ansprüche besitzen auch Arbeitnehmer in vielen Großbetrieben. Dort gibt

HINTERGRUND

Risikokunden unerwünscht!

Genau jene Personen, die eine Berufsunfähigkeitsversicherung am dringendsten
brauchen, haben kaum eine Chance auf
eine Police, beispielsweise Allergiker,
Herzinfarkt-Patienten, Diabetiker, Epi-
leptiker oder Personen mit schweren
Bandscheibenschäden. Sogar Interessenten mit nachweislich ausgeheilten
Erkrankungen werden von „risiko-
scheuen" Gesellschaften häufig abgelehnt. So erging es auch einer 17-
jährigen angehenden Bürokauffrau. Sie
ist gesund und betreibt beschwerdefrei
Jogging, Schwimmen, Tanzen und alpi-
nes Skilaufen. Und obwohl ihr gleich
mehrere Ärzte bescheinigten, dass ihre
Skoliose (seitliche Verkrümmung der
Wirbelsäule) vollständig ausgeheilt sei,
bekam sie keine Versicherung.

es im Einzelfall Haustarifverträge, die – ähnlich wie im öffentlichen Dienst – betriebliche
Zusatzrenten für erkrankt ausgeschiedene
Arbeitnehmer vorsehen. Wer Anspruch auf
eine solche „Konzern"-Rente hat, sollte diese
bei der Berechnung seiner Versorgungslücke
mit berücksichtigen.

Der Gesundheitszustand – am besten topfit

Gesund oder krank? Dieses Merkmal entscheidet noch mehr als der Beruf darüber,
ob und zu welchem Preis Sie einen Versicherungsschutz bekommen. Wer absolut gesund
ist, hat keine Probleme und kann mit niedrigen Prämien rechnen. Doch das ist die Ausnahme. Vorerkrankungen führen zu Risikozuschlägen, Ausschlüssen oder verkürzten
Versicherungszeiten.

Im Versicherungsantrag müssen Sie sämtliche Krankheiten und Behandlungen in dem
abgefragten Zeitraum angeben. Dabei ist
Schummeln sinnlos. Wenn Sie etwas verschweigen, begehen Sie im Versicherungs-
deutsch eine „vorvertragliche Anzeigepflichtverletzung". Das ist extrem gefährlich, da die

HINTERGRUND

Ausschluss oder Risikozuschlag

Versicherte mit Vorerkrankungen werden
oft mit einem Risikozuschlag belegt oder
die mit der Vorerkrankung verbundenen
möglichen Folgen werden vom Versicherungsschutz ausgeklammert. Welches
Instrument angewandt wird, darauf hat
der Kunde in der Regel keinen Einfluss.
Im Zweifel wäre der Risikozuschlag das
„mildere" Mittel, falls der Beitrag hierdurch nicht zu teuer wird.

Voll abkassiert

Der auf Berufsunfähigkeit spezialisierte Makler Philip Wenzel hat festgestellt, dass sich die Versicherer bei den Risikozuschlägen großzügig bedienen: „Angenommen, der Bruttobeitrag eines Kunden liegt ohne Zuschläge bei 100 Euro im Monat und der Nettobeitrag bei 50 Euro. Wenn dieser Kunde einen Zuschlag von 50 Prozent für Bluthochdruck und noch mal 50 Prozent wegen Übergewicht bekommt, macht das insgesamt 100 Prozent Zuschlag. Wer nun denkt, dadurch verdoppelt sich der Zahlbetrag auf 100 Euro monatlich, wird sich wundern: Es werden sogar 150 Euro monatlich, weil der Versicherer den Zuschlag immer vom Bruttobeitrag berechnet. In diesem Fall steigt der Beitrag auf das Dreifache!"

Versicherung später im Ernstfall unter Umständen vom Vertrag zurücktreten kann. Genau dann, wenn Sie die Versicherung brauchen, würden Sie ohne Versicherungsschutz dastehen. Und die bis dahin gezahlten Prämien bekommen Sie auch nicht zurück.

Wer im Versicherungsantrag ehrlich alle Vorerkrankungen angibt, muss damit rechnen, dass genau diese Leiden vom Versicherungsschutz ausgeschlossen oder mit einem Risikozuschlag belegt werden.

Schlimmer noch: Wer beispielsweise ein schweres Rückenleiden hat oder sich schon einmal einer psychotherapeutischen Behandlung unterzogen hat, muss damit rechnen, gar keinen Versicherungsschutz zu bekommen. Den Versicherungen ist das Risiko einer späteren Berufsunfähigkeit einfach zu hoch. Immerhin sind psychische Erkrankungen mit über 30 Prozent die häufigste

 HINTERGRUND

Ablehnungen, Ausschlüsse und Zuschläge – eine Auswahl

- **Mit einer Ablehnung müssen Antragsteller bei folgenden Erkrankungen rechnen:**
  Alkoholabhängigkeit
  Alzheimer
  Angststörung
  Angina pectoris
  depressive Erkrankungen
  Diabetes mellitus
  Drogenabhängigkeit
  Herzinfarkt
  HIV-Infektion
  Krebs
  Multiple Sklerose
  Parkinson
  Rheuma   →

→
- **Bei folgenden Erkrankungen wird der jeweilige Problembereich in der Regel vom Versicherungsschutz ausgeschlossen:**
  Allergien
  Asthma
  Bandscheibenvorfall
  chronische Rückenschmerzen
  Grüner Star
  Neurodermitis
  Tinnitus

- **Risikozuschläge sind fällig bei folgenden Erkrankungen:**
  Bluthochdruck
  chronische Bronchitis
  Fettstoffwechselstörungen
  Nierensteine
  leichtes Asthma
  mittelschwere Krampfadern
  starkes Übergewicht

Ursache für eine Berufsunfähigkeit (→ Seite 17).

Besonders ärgerlich: Auch wenn der Interessent ehrlich zum Beispiel ein Rückenleiden angibt und daraufhin die Wirbelsäule sowie große Teile des Bewegungsapparats vom Versicherungsschutz ausgenommen werden, spart er keinen Cent Beitrag. Obwohl die Versicherung also aufgrund des Ausschlusses erheblich weniger Risiken tragen muss, verlangt sie dennoch die volle Prämie. Ein kleiner Trost: Manche Versicherer sind bereit, Ausschlüsse und Risikozuschläge nach einer vereinbarten Frist von zum Beispiel zwei oder drei Jahren zu überprüfen. Sollten die Krankheiten nicht mehr auftreten, können Ausschluss oder Zuschlag unter Umständen gestrichen werden.

Fazit: Wer Vorerkrankungen ehrlich angibt – und das sollte unbedingt geschehen –, zahlt mehr, muss mit Ausschlüssen rechnen oder bekommt gar keinen Versicherungsschutz. Deshalb ist es sinnvoll, eine Berufsunfähigkeitsversicherung möglichst früh abzuschließen. Denn wer jung ist, hat normalerweise weniger Vorerkrankungen.

Hobbys – je riskanter, desto teurer

Außer an Alter, Beruf und Gesundheitszustand sind die meisten Versicherungen auch an riskanten persönlichen Vorlieben interessiert. Auch danach wird in der Regel im Versicherungsantrag gefragt. Wer als Hobby Freiklettern, Gleitschirmfliegen oder Fallschirmspringen betreibt, muss mit Prämienzuschlägen rechnen – oder wird sogar abgelehnt. Der spätere Beginn solcher Hobbys muss jedoch nicht nachgemeldet werden und führt auch nicht zu einer Prämienerhöhung. Allerdings sollte niemand auf dumme Gedanken kommen und eine Meldung solcher Hobbys zum Vertragsbeginn verschweigen,

nach dem Motto: „Ich könnte ja auch ein paar Monate später mit dem Gleitschirmfliegen begonnen haben." Das wäre eine eindeutige vorvertragliche Anzeigepflichtverletzung mit erheblichen Risiken. Sie müssen im Leistungsfall damit rechnen, dass eine Versicherung notfalls auch mit Detektiven die Vorgeschichte genau erforschen wird.

Wenn Sie ein gefährliches Hobby betreiben, sollten Sie intensiv den Markt sondieren, da die Versicherer denselben Sachverhalt häufig sehr verschieden bewerten. Ein Beispiel: Während einzelne Versicherer einen passionierten Tauchsportler komplett ablehnten, andere einen Risikozuschlag von

Gefährliche Hobbys

HOBBY	ZUSCHLAG
Eishockey	50 %
Gewichtheben	50 %
Kitesurfing	50 %
Rafting (in Europa)	50 %
Springreiten, mit Wettkämpfen	50 %
Go-Kart-Rennen, mit Wettbewerben	100 %
Mountain-Biking-Downhill-Rennen	100 %
Paragliding	100 %
Ablehnung: Freeclimbing, Rodeoreiten, Skeleton, Skysurfen, Motocross-, Auto-, Motorrad-, Bootsrennen	

100 Prozent kalkulieren, akzeptierte eine Versicherung denselben Interessenten sogar zum Normalpreis. Ähnlich ist es beim Hobby Klettern. Viele Versicherer verlangen generell satte Risikozuschläge. Andere bieten ganz spezielle Regelungen. Ein Beispiel: „Vom Versicherungsschutz ausgeschlossen sind: Erstbesteigungen und Expeditionen, Bergsportaktivitäten über 5.000 Meter über NN sowie ‚Bergsteigen' und ‚Klettern' außerhalb Europas und Nordamerikas."

Fazit: Wer riskante Hobbys pflegt, braucht also einen speziellen Versicherer. Wie dieser das Hobby einstuft, kann unter Umständen zu einem Hauptkriterium bei der Auswahl werden.

Raucher zahlen vielfach mehr für ihren Versicherungsschutz als Nichtraucher. Raucher werden – so argumentieren einige Versicherer – häufiger krank und somit auch schneller berufsunfähig. Andererseits bedeutet dies, dass Nichtraucher durch geschickte Wahl des Versicherers Geld sparen können.

Der zweite Schritt: den Vertrag optimal gestalten

An Ihren Vorerkrankungen können Sie nichts und an Ihrem Beruf und Ihrem Hobby kurzfristig wenig ändern.

Umso wichtiger ist es im zweiten Schritt, dass Sie bei der Ausgestaltung des Vertrags das Bestmögliche für sich herausholen. Der Wirrwarr an Tarifwerken und Klauseln bietet für den, der durchblickt, auch Chancen. Wer jedoch die falschen Entscheidungen trifft, muss mit einem zweitklassigen Versicherungsschutz leben. Ganz wichtig ist es in dieser Phase, zunächst Ihren Bedarf zu klären: Wie groß ist im Ernstfall Ihre Versorgungslücke? Die ist entscheidend für die Rentenhöhe, die Sie vereinbaren sollten.

Die Rentenhöhe

Das Ziel sollte sein, mit der versicherten Berufsunfähigkeitsrente einen möglichst hohen Prozentsatz Ihres Nettoeinkommens abzusichern. Schließlich laufen vor allem für jüngere Versicherte erhebliche Kosten für Familie, Altersvorsorge, Hausfinanzierung etc. weiter. Und Sie müssen davon ausgehen, dass Sie möglicherweise aus gesundheitlichen Gründen gar nicht mehr arbeiten können.

Allerdings lassen sich nur wenige Versicherer auf eine volle Absicherung des Nettoeinkommens ein. In der Regel können Sie problemlos zwei Drittel bis drei Viertel Ihres Nettogehalts versichern. Für Arbeitnehmer dürfte dies oft reichen, da sie bei einer schwerwiegenden Erkrankung zusätzliche

Ausreichende Rente vereinbaren
Beate-Kathrin Bextermöller von *Finanztest* warnt davor, eine zu niedrige Rentenhöhe zu vereinbaren: „Die meisten Versicherten unterschätzen den tatsächlichen Bedarf. Sie sollten damit rechnen, dass Sie im schlimmsten Fall gar nichts mehr tun können. Möglicherweise müssen Sie sogar eine Haushaltshilfe bezahlen! Außerdem sollten Sie die Inflation berücksichtigen. Günstig sind deshalb Verträge mit Nachversicherungsgarantien (→ Seite 62). Dann können Sie später den Versicherungsschutz bei bestimmten Anlässen noch flexibel erhöhen."

So groß ist Ihre Versorgungslücke!

Die Tabelle zeigt überschlägig, wie viel Ihnen von Ihrem bisherigen Netto-einkommen bei einer Erwerbsminderung fehlt. Unterstellt wird in der groben Beispielrechnung ein sehr optimistisches Szenario: Ein 30-jähriger Lediger erzielt seit seinem 20. Lebensjahr ein gleichmäßiges Einkommen in der angegebenen Höhe.

NETTOEINKOMMEN	VOLLE ERWERBS-MINDERUNGSRENTE	VERSORGUNGSLÜCKE
4.000	2.080	1.920
3.000	1.750	1.250
2.000	1.080	920
1.000	450	550
NETTOEINKOMMEN	HALBE ERWERBS-MINDERUNGSRENTE	VERSORGUNGSLÜCKE
4.000	1.040	2.960
3.000	875	2.125
2.000	540	1.460
1.000	225	775

Alle Angaben in Euro, bei der Höhe der Erwerbsminderungsrenten sind Krankenkassen- und Pflegebeiträge abgezogen, eine mögliche Steuerbelastung ist nicht berücksichtigt, Rechengrößen Deutschland West

Ansprüche aus einer gesetzlichen Erwerbsminderungsrente haben.

Dann könnte die Rechnung so aussehen: Bei einem Nettoeinkommen von 3.000 Euro und Anspruch auf eine volle Erwerbsminderungsrente von 1.750 Euro würde die Versorgungslücke 1.250 Euro betragen. Sogar 2.125 Euro Versorgungslücke wären es, wenn Sie bei gleichem Nettoeinkommen nur Anspruch auf eine halbe Erwerbsminderungsrente von 875 Euro hätten.

Die volle Erwerbsminderungsrente gibt es erst, wenn Sie noch nicht einmal mehr drei Stunden am Tag arbeiten können, egal in welcher Tätigkeit. So krank sind nur wenige. Um Ihren Lebensstandard halbwegs zu halten, ist also bei einem aktuellen Nettoeinkommen von 3.000 Euro die Vereinbarung einer monatlichen Berufsunfähigkeitsrente in Höhe von 2.000 Euro sinnvoll.

Verdienen Sie 2.000 Euro netto, sollten Sie versuchen, rund 1.500 Euro abzusichern, mindestens jedoch eine Rente von 1.000 Euro. Mit einer Mini-Berufsunfähigkeitsrente, wie sie leider in der Vergangenheit allzu oft vereinbart wurde, kommen Sie im Ernstfall nicht über die Runden.

Besser eine selbstständige Berufsunfähigkeitsversicherung oder ein Kombiprodukt?

Es gibt beim Berufsunfähigkeitsschutz zwei grundsätzliche Varianten:

1. eine eigenständige Berufsunfähigkeitsversicherung, die eine Rente zahlt, wenn der Leistungsfall eintritt, im Fachjargon „selbstständige Berufsunfähigkeitsversicherung" (SBU) genannt. Das ist eine reine Risikoversicherung. Im BU-Fall gibt es Geld, sonst normalerweise nicht.

2. Kombinationen von Lebens- oder Rentenversicherungen und BU-Schutz. Formal ist die Berufsunfähigkeitsversicherung hier eine Zusatzversicherung, kurz „BUZ" genannt. Als Hauptversicherung kann eine Risikolebensversicherung, eine Kapitallebensversicherung oder eine Rentenversicherung gewählt werden. Bei Renten- und Kapitallebensversicherungen fließt der größte Teil der Prämie in eine private Altersvorsorge. Für den

Geldanlage von Versicherung trennen!

Der Versicherungsberater Rüdiger Falken urteilt: „Ich empfehle, Geldanlage und Versicherung zu trennen, also keinesfalls eine Berufsunfähigkeitsversicherung mit einer Renten- oder Kapitallebensversicherung zu kombinieren. Wenn Sie alles einzeln abschließen, halten Sie das Risiko in Grenzen. Wer zum Beispiel als Selbstständiger unbedingt eine private Rentenversicherung abschließen will, der riskiert bei späteren Zahlungsschwierigkeiten wenigstens nicht seinen Berufsunfähigkeitsschutz, wenn er gezwungen sein sollte, die Rentenversicherung zu kündigen oder beitragsfrei zu stellen."

BU-Leistungsfall kann genau wie beim selbstständigen Produkt eine monatliche Rente vereinbart werden. Zusätzlich wird Beitragsfreiheit in der Lebensversicherung gewährt. Das heißt, wer berufsunfähig wird, bekommt nicht nur die Rente, sondern muss auch in die Hauptversicherung nichts mehr einzahlen. Der volle Schutz zum vereinbarten Endalter bleibt erhalten. In rund einem Drittel der abgeschlossenen Kombiprodukte ist allerdings nur diese Beitragsbefreiung vereinbart. Viele Verbraucher wissen dies nicht und glauben, sie hätten eine BU-Rente versichert.

Kein Königsweg

Eine optimale Lösung für alle gibt es nicht. Zunächst ist stets eine selbstständige Berufsunfähigkeitsversicherung ins Visier zu nehmen. Allerdings kann auch das Kombiprodukt aus Risikolebensversicherung und BUZ-Schutz sinnvoll sein.

Einige Versicherer kalkulieren den Preis für den Berufsunfähigkeitsschutz in der Kombination Risikolebensversicherung plus BUZ günstiger als im selbstständigen Tarif (SBU). Folge: Das Kombiprodukt ist kaum teurer als die SBU. In diesem Falle bekäme der Kunde die Risikolebensversicherung zu einem geringen Aufpreis hinzu.

Wer also ohnehin noch eine Risikolebensversicherung benötigt, weil er Angehörige für den eigenen Todesfall absichern möchte, sollte eine solche Kombination vorziehen. Wer niemanden absichern muss oder schon eine ausreichende Risikolebensversicherung besitzt (zum Beispiel im Rahmen einer bestehenden Kapitallebensversicherung), sollte sich primär um eine selbstständige Berufsunfähigkeitsversicherung kümmern.

Achtung: Einige Gesellschaften mit guten Versicherungsbedingungen haben kein selbstständiges Produkt. Sie bieten dafür aber Kombinationen von Berufsunfähigkeitsschutz und einem extrem abgespeckten Risikoschutz im Todesfall (Versicherungssummen von lediglich 2.500 oder 5.000 Euro!). Wer einen guten und preiswerten BU-Schutz sucht, sollte sich also nicht nur auf die selbstständige Berufsunfähigkeitsversicherung beschränken, sondern auch die Kombiprodukte mit reduzierter Todesfallleistung einbeziehen.

Teure Kombination

Von der Kombination einer Renten- oder Kapitallebensversicherung mit einer BUZ raten Verbraucherschützer in der Regel ab. Diese Kombination macht das Gesamtprodukt teuer und unflexibel. Neben der Risikoprämie für den Berufsunfähigkeitsschutz fallen noch die Beiträge für die Renten- oder Kapitallebensversicherung an. Die Gesamtprämie liegt dadurch um ein Vielfaches höher als bei der Kombination von Risikolebens- und Berufsunfähigkeitsversicherung.

Das birgt große Gefahren:

1. Da eine hohe monatliche Prämie viele Kunden abschreckt, neigen Vermittler dazu, zugunsten der Altersvorsorge eine zu niedrige Berufsunfähigkeitsrente vorzuschlagen. Im BU-Fall sind Sie dann schlecht abgesichert.

2. Die hohe Prämie des Kombiprodukts führt dazu, dass viele Kunden in Krisensituationen (Arbeitslosigkeit, Scheidung etc.)

ihre Versicherungen kündigen oder beitragsfrei stellen müssen. Damit ist der Berufsunfähigkeitsschutz weg. Nur wenige Versicherer erlauben, den Berufsunfähigkeitsschutz dann als eigenständige Berufsunfähigkeitsversicherung fortzuführen. Einen komplett neuen BU-Vertrag abzuschließen, dürfte für viele Kunden schwer werden: Das erhöhte Einstiegsalter verteuert die Prämien, und Vorerkrankungen sorgen für Risikozuschläge, Ausschlüsse oder Ablehnungen (→ Kasten Seite 53).

→ **TIPP Prioritäten setzen**
Wenn es Ihnen vor allem auf die Berufsunfähigkeitsrente ankommt und der Todesfallschutz zweitrangig ist, lassen Sie sich auch Beispiele mit geringerer Versicherungssumme in der Risikolebensversicherung vorrechnen.

Wenn ein Vermittler Ihnen zu der Kombination aus Renten- oder Kapitallebensversicherung mit Berufsunfähigkeitsschutz rät und argumentiert, dass dann Ihre Beiträge nicht verloren sind, falls Sie nicht berufsunfähig werden, so ist dies eine Milchmädchenrechnung. Die Versicherung schenkt Ihnen nichts. Von den Risikobeiträgen für den Berufsunfähigkeitsschutz fließt auch beim Kombiprodukt im Alter in der Regel nichts an die Versicherten zurück.

Sonderfall Selbstständige: Rürup könnte sich lohnen!
Lediglich für Selbstständige ist eine Rentenversicherung mit BUZ möglicherweise interessant, und zwar in Form einer Rürup-Rente (auch Basisrente genannt). Seit 2005 können Selbstständige bei Neuverträgen nur noch die Einzahlungen in Rürup-Renten steuerlich absetzen (→ Seite 133). Bis zu 49 Prozent der gezahlten Prämien dürfen für den Berufsunfähigkeitsschutz aufgewendet werden. Selbstständige können damit unter Umständen ihren gesamten Berufsunfähigkeitsschutz steuerlich geltend machen

Sie müssen allerdings wissen: Spätere Berufsunfähigkeitsrenten aus Rürup-Verträgen werden höher besteuert als Renten aus ungeförderten Verträgen. Und auch Selbstständige sollten sich der Risiken des relativ teuren Kombiprodukts bewusst sein. Kann die Prämie für die Rürup-Rente nicht mehr aufgebracht werden, geht damit auch der Berufsunfähigkeitsschutz verloren.

→ **TIPP Nicht voreilig Privatrente abschließen**
Grundsätzlich gilt: Lassen Sie sich weder zu einer Kapitallebensversicherung noch zu einer Privatrente in Kombination mit einer BUZ überreden! Die Privatrente bietet gegenüber der Kapitallebensversicherung keine Vorteile. Die Rendite ist sogar noch

schlechter, wenn Sie nicht steinalt werden. Trennen Sie möglichst Berufsunfähigkeitsschutz und Altersvorsorge. Für diese unterschiedlichen Ziele sollten Sie auch unterschiedliche Produkte einsetzen.

Dynamik oder Nachversicherungsgarantie?

Wer heute eine Berufsunfähigkeitsversicherung abschließt, sollte darauf achten, dass er die versicherte Rentenhöhe in Zukunft anpassen kann. So stellen Sie sicher, dass die Rente auch in 10, 20 oder 30 Jahren noch ausreicht. Andernfalls kann es passieren, dass eine Rente von zum Beispiel 1.000 Euro aufgrund der Geldentwertung später nur noch die Hälfte wert ist.

Eine Möglichkeit, diesem Wertverlust vorzubeugen, ist die „Dynamisierung". Darunter versteht man die regelmäßige Erhöhung von Beitrag und Rente ohne neue Gesundheitsprüfung. Es gibt grundsätzlich zwei Formen der Dynamisierung: die Rentendynamik und die Beitragsdynamik.

Bei der Rentendynamik können Sie vereinbaren, dass die versicherte Rente jährlich um beispielsweise 2, 3 oder 5 Prozent steigt. Selbstverständlich steigen damit auch die monatlichen Prämien. Und das nicht etwa im Gleichklang ebenfalls um 2, 3 oder 5 Prozent, sondern deutlich stärker, denn die Prämie für jeden Dynamisierungsschritt wird

So viel frisst die Inflation

VON 1.000 EURO RENTE BLEIBEN REAL AN KAUFKRAFT ÜBRIG

	bei einer Inflation von		
	1 %	2 %	3 %
nach 10 Jahren	905,29	820,35	744,09
nach 15 Jahren	861,35	743,01	641,86
nach 20 Jahren	819,54	627,97	553,68
nach 25 Jahren	779,77	609,53	477,61
nach 30 Jahren	741,92	552,07	411,99

wie bei einem Neuabschluss teurer, je älter Sie sind.

Zunächst werden Sie dies kaum merken, doch nach ein paar Jahren stellen Sie fest: Die Gesamtprämie wird immer teurer und überfordert Sie möglicherweise irgendwann sogar. Ein Ausweg könnte darin bestehen, nicht alle Dynamisierungsschritte mitzumachen. Sie können problemlos bis zu zwei aufeinander folgende Erhöhungen ablehnen. Bei der dritten Ablehnung allerdings wird die Dynamik insgesamt gestoppt. Es bleibt dann bei dem erreichten Niveau. Wer seinen Beitrag erträglich halten will, kann also jeweils zweimal ablehnen und jeden dritten Dynamisierungsschritt mitmachen, wie das die Darstellung auf der folgenden Seite zeigt.

Wer die Prämienexplosion begrenzen

Kosten begrenzen, Dynamisierungsschritte auslassen

2016	Erhöhung
2017	Auslassung
2018	Auslassung
2019	Erhöhung
2020	Auslassung
2021	Auslassung
2022	Erhöhung
2023	Auslassung
(...)	

testens mit 55 Jahren zu stoppen. Dann werden die Erhöhungsschritte durch das höhere Lebensalter extrem teuer.

Eine gute Alternative zur automatischen Dynamik ist die Nachversicherungsgarantie. Damit haben Sie es in der Hand, die versicherte Rentenhöhe zu steigern, wenn sich Ihre Lebensumstände ändern. Die meisten Versicherer knüpfen diese Möglichkeit an Tatbestände wie einen Jobwechsel, deutliche Einkommenssprünge, Heirat, Geburt oder Im-

will, könnte auch die zweite Form der Dynamisierung wählen, die Beitragsdynamik. Dann steigt der Beitrag tatsächlich wie vereinbart nur um beispielsweise 3 Prozent im Jahr. Nachteil: Die vereinbarte Rente steigt geringer als der Beitrag. Und je älter Sie werden, desto kleiner werden die Rentenerhöhungen, die Sie sich durch die Beitragserhöhungen erkaufen.

Wenn Sie sich also für eine Dynamik entscheiden und gegen die Inflation absichern wollen, so sollten die Dynamisierungsschritte bei der Beitragsdynamik eher bei 3 bis 5 Prozent liegen, bei der Rentendynamik eher bei 1 oder 2 Prozent. Experten empfehlen grundsätzlich, die Dynamik ab dem 45. Geburtstag kritisch zu prüfen und spä-

Flexibel den eigenen Bedürfnissen anpassen

Axel Kleinlein vom Bund der Versicherten urteilt: „Wenn Sie Verträge mit automatischer Dynamik abschließen, können Sie damit die Inflation abfedern. Wird Ihnen der Beitrag zu hoch, haben Sie das Recht, der Erhöhung zu widersprechen. Sehr gut ist es, wenn der Vertrag Ihnen eine Nachversicherungsgarantie, also das Recht auf flexible Anpassungsschritte einräumt. Dann können Sie die Berufsunfähigkeitsversicherung Ihren jeweiligen Bedürfnissen anpassen, zum Beispiel wenn Sie heiraten, Kinder bekommen oder den Beruf wechseln. Sie sind dann in der Lage, den Schutz ohne neue Gesundheitsprüfung zu erhöhen – allerdings gegen Aufpreis."

BEISPIEL

Wenn die maximale BU-Rente 18.000 Euro pro Jahr beträgt und die garantierte BU-Rente mit 1.500 Euro pro Monat abgeschlossen wurde, gibt es keine Erhöhung, auch wenn die festgelegten Ereignisse eintreten sollten.

mobilienerwerb. Entscheidend ist dabei, dass die Rentenerhöhung ohne neue Gesundheitsprüfung erfolgt. Allerdings wird für jenen Teil der Rente, den Sie aufstocken, Ihr höheres Lebensalter zugrunde gelegt. Die nachträglich vereinbarte höhere Rente kostet also mehr als eine von Beginn an in gleicher Höhe festgelegte Rente. In der Regel müssen Sie die Aufstockung der versicherten Rente spätestens drei Monate nach dem Eintritt des begründenden Ereignisses beantragen.

Optimal ist, wenn der Versicherer unabhängig von bestimmten Ereignissen eine Anpassung erlaubt. Sie sollte mindestens bis zum 45. Lebensjahr möglich sein und eine Erhöhung um mindestens 100 Prozent der anfänglich vereinbarten Rente erlauben. Doch Vorsicht: Es gibt Versicherer, die die Nachversicherungsgarantie durch die Festlegung einer Maximalrente aushebeln.

Die Nachversicherungsgarantie eröffnet dem Versicherten größere Spielräume als die starre Dynamisierung. Allerdings erfordert dies mehr Eigeninitiative: Sie müssen sich selbst darum kümmern und dafür sorgen, dass der Vertrag den neuen Lebensumständen angepasst wird.

Egal, ob Nachversicherungsgarantie oder Dynamik: Die Rentenhöhe kann nur so lange angepasst werden, bis der Leistungsfall eintritt. Genau das birgt eine gewisse Gefahr: Wer etwa schon mit 35 Jahren berufsunfähig wird, bekommt in den nächsten 30 Jahren eine konstante Rente, die real im Lauf der Zeit enorm an Wert verliert. Vorteilhaft ist es deshalb, wenn der Vertrag eine Dynamik im Leistungsfall vorsieht. Dann steigt die Berufsunfähigkeitsrente abhängig von der Überschussbeteiligung jährlich an – derzeit bei vielen Versicherern zwischen 1 und 1,5 Prozent. Dies ist allerdings nicht sicher. Wollen Sie eine garantierte Leistungsdynamik, so ist das wiederum teuer. Eine Steigerung von 2 Prozent jährlich kostet 10 bis 15 Prozent mehr Beitrag.

Die Form der Überschussbeteiligung

Alle Versicherungen kalkulieren die Berufsunfähigkeitsversicherung sehr konservativ. Das bedeutet, sie kalkulieren mit sehr viel höheren Beiträgen, als sie derzeit tatsächlich brauchen. Diese Bruttobeiträge bilden die Obergrenze, mehr darf die Versicherung auch in Zukunft nicht verlangen. Bleiben die Ausgaben wie erwartet unter der Kalkulation, entstehen automatisch erhebliche Überschüsse, die wiederum auf dem Kapitalmarkt angelegt werden und Zinsen abwerfen. Wie werden die Versicherten an diesen Überschüssen beteiligt? Im Wesentlichen gibt es drei Möglichkeiten:

1. Beitragsverrechnung,
2. Bonusrente,
3. Schlusszahlung.

Bei der **Beitragsverrechnung** oder Sofortverrechnung wird ein Teil der Überschüsse sofort an die Versicherten weitergegeben und mit den – zu hohen – Bruttobeiträgen verrechnet. Effektiv zu zahlen sind nur die Nettobeiträge, die in Einzelfällen nur halb so hoch wie die Bruttobeiträge ausfallen (→ Tabellen ab Seite 161). Allerdings sollten Sie sich notfalls eine Erhöhung leisten können, schlimmstenfalls bis zum Bruttobeitrag.

Manche Gesellschaften verwenden die Überschüsse, um im Fall einer Berufsunfähigkeit zusätzlich zur garantierten Rente eine **Bonusrente** zu zahlen. Das erhöht zwar vermutlich Ihre spätere Berufsunfähigkeitsrente, dafür zahlen Sie aber heute deutlich höhere Beiträge. Außerdem profitieren Sie von dieser Variante nur, wenn Sie tatsächlich berufsunfähig werden. Auch ist der Bonus wie alle Leistungen aus der Überschussbeteiligung nicht garantiert, kann also auch sehr kümmerlich ausfallen.

Einige Versicherer bieten an, die Überschüsse verzinslich anzusammeln und als **Schlusszahlung** am Ende der Vertragslaufzeit auszuzahlen. Der Vorteil sei, dass in diesem Fall auch derjenige profitiere, der die Versicherung nicht gebraucht hat. Tatsächlich gilt aber: Die Gelder, die am Ende vermeintlich lukrativ zurückgezahlt werden, haben die Versicherten in Form von hohen Bruttobeiträgen zuvor selbst eingezahlt.

Beim Abschluss einer Berufsunfähigkeitsversicherung sollte es nicht um einen Sparvorgang gehen, sondern um eine Risikoabdeckung zu möglichst günstigen Konditionen. Klären Sie also, bevor Sie einen Vertrag unterschreiben, die Art der Überschussbeteiligung, und wählen Sie möglichst die Beitragsverrechnung.

Beitragsverrechnung wirkt sofort

Versicherungs- und Rentenberater Frank Begas rät: „Wählen Sie bei der Überschussbeteiligung möglichst die Beitragsverrechnung. Das nutzt Ihnen sofort etwas. Ob Sie später eine Bonusrente bekommen, ist ja völlig ungewiss. Und eine verzinsliche Schlusszahlung ist wenig sinnvoll. Sie wollen sich ja versichern und keinen Sparvertrag abschließen."

BEISPIEL

Brutto- und Nettobeitrag

Stellen Sie sich vor, dass Sie zwei Angebote zur Auswahl haben:
Versicherer A wirbt mit 670 Euro Nettobeitrag, kalkuliert aber einen Bruttobeitrag von 1 100 Euro jährlich.
Versicherer B wirbt mit 700 Euro Nettobeitrag, kalkuliert aber einen Bruttobeitrag von 950 Euro im Jahr.
In diesem Fall scheint A zunächst günstiger, aber B könnte langfristig die bessere Wahl sein, da hier der Spielraum für Beitragserhöhungen geringer ist.

→ **TIPP Zeitbombe Nettobeiträge?**

Viele Experten warnen davor, sich auf konstant niedrige Nettobeiträge zu verlassen. Bereits acht Versicherer mussten in jüngster Zeit die Nettobeiträge für Altversicherte erhöhen. Die Gründe: Sie hatten mit geringeren „Schadenquoten" gerechnet. Und die Gewinne aus den Kapitalanlagen sprudeln in Niedrigzinszeiten nicht mehr so üppig wie geplant. Jeder sollte also vor Vertragsschluss die Differenz von Netto- und Bruttobeitrag kritisch unter die Lupe nehmen: Ist sie sehr groß, wurde besonders optimistisch kalkuliert.

Versicherungs- und Leistungszeit

Längst nicht für alle Berufe lässt sich eine Berufsunfähigkeitsversicherung bis zum Erreichen der Altersrente abschließen. Gerade für körperlich Tätige endet die Versicherung häufig mit dem 60. oder sogar schon mit dem 55. Geburtstag. Wichtig sind in diesem Zusammenhang zwei Begriffe, die Sie keinesfalls verwechseln dürfen: Versicherungszeit und Leistungszeit.

„Versicherungszeit" wird der Zeitraum genannt, in dem das Risiko einer Berufsunfähigkeit versichert ist. Als Leistungszeit wird der Zeitraum bezeichnet, in dem die Versicherung bei Berufsunfähigkeit längstens die Rente zahlt.

 BEISPIEL

Ausgebremst

Ein 40-jähriger Busfahrer hat eine Versicherungszeit bis zum 55. und eine Leistungszeit bis zum 60. Lebensjahr versichert. Wenn er mit 50 Jahren wegen eines schweren Rückenleidens berufsunfähig würde, bekäme er noch zehn Jahre lang die vereinbarte Rente. Träfe ihn das gleiche Schicksal nach Vollendung seines 55. Lebensjahres, ginge er leer aus. Würde er kurz vor seinem 55. Geburtstag berufsunfähig, bekäme er immerhin noch fünf Jahre Rente.

Das Beispiel von Seite 65 zeigt, wie sich Verträge mit unterschiedlicher Versicherungs- und Leistungszeit auswirken. Generell gilt: Da Sie den Zeitpunkt einer Berufsunfähigkeit nicht vorhersehen können, sollten Sie versuchen, sowohl Versicherungs- als auch Leistungszeit vertraglich möglichst nah an den Eintritt der Altersrente heranzuschieben, also künftig bis zum 67. Lebensjahr. Gerade bei Risikoberufen lassen sich allerdings viele Gesellschaften hierauf nicht ein und bieten Versicherungszeiten nur bis 55 oder 60 Jahren an (→ Kasten rechte Seite).

Es lohnt sich hier ein intensiver Vergleich der verschiedenen Versicherungsgesellschaften und ihrer Tarife. Gerade wer einen Risikoberuf hat, sollte versuchen, die maximal mögliche Versicherungzeit auszuhandeln. Allerdings gilt: Angesichts der Tatsache, dass die Berufsunfähigkeit durchschnittlich bereits mit 46 Jahren eintritt, sind abgekürzte Versicherungszeiten immer noch besser als gar kein Schutz.

Versuchen Sie auf jeden Fall, die Leistungzeit so lange wie möglich zu vereinbaren, idealerweise bis zum frühestmöglichen Renteneintritt.

Beamten werden grundsätzlich nur verkürzte Versicherungszeiten angeboten. Auch sie sollten aber wenigstens auf möglichst lange Leistungszeiten drängen.

Eine Sonderstellung nehmen Selbstän-

Lebenslange Berufsunfähigkeitsrente versus Normaltarif

Am Beispiel einer Risikolebensversicherung mit Berufsunfähigkeitszusatzversicherung Nichtraucher, selbstständiger Buchhalter (100 % kaufmännisch tätig, optimaler BMI), Eintrittsalter 30, Endalter 65, Versicherungsschutz 50.000 Euro, garantierte monatliche BU-Rente 1.000 Euro, jährliche Zahlweise sortiert nach dem jährl. Zahlbeitrag für lebenslange BU-Rente; Beiträge auf 1 Euro gerundet

GESELL-SCHAFT	BU-TARIF-VARIANTE	LEBENSLANGE BU-RENTE		BU-RENTE BIS 65	
		jährlicher Maximalbetrag (Euro)	jährlicher Zahlbetrag (Euro)	jährlicher Maximalbetrag (Euro)	jährlicher Zahlbetrag (Euro)
LV 1871	R1 Familie, Classic BUZ	1.521	895	1.186	715
LV 1871	R1, Classic BUZ	1.585	930	1.233	740
LV 1871	R1 Familie, Golden BUZ	1.689	986	1.309	781
LV 1871	R1, Golden BUZ	1.762	1.026	1.362	809

Quelle: MORGEN & MORGEN GmbH, Stand MMOffice 3.29.001, April 2016, ID L16012

Verkürzte Versicherungszeiten bei Risikoberufen (beispielhaft)

MAXIMALE VERSICHERUNGSZEIT	BERUFE
bis 50 Jahre	Briefträger
bis 55 Jahre	Feuerwehrmann, Justizvollzugsbeamter, LKW-Fahrer, Polizeibeamter, Soldat
bis 60 Jahre	Beamter, Gerichtsvollzieher, Zollbeamter, Zugführer
bis 65 Jahre	Bäcker, Bauschlosser, Bergmann, Börsen- und Finanzmakler, Dachdecker, Möbel- packer, Pferdewirt, Verkäufer, Zugbegleiter

dige ein. Da sie normalerweise keine gesetzliche Altersrente bekommen, könnte für sie die Vereinbarung einer lebenslangen Berufsunfähigkeitsrente interessant sein. Eine Sicherheit, die aber bislang nur von wenigen Versicherungsgesellschaften angeboten wird. Und sie hat einen Haken: Die BU-Rente bis zum Tod gibt es nur, wenn der Leistungsfall nicht zu spät eintritt, in unserem Beispiel bis zum 50. Lebensjahr. Würde der Versicherte erst mit 55 berufsunfähig, flösse die Rente nur bis 65.

Sparmodelle: kürzere Versicherungszeit und Aufteilung des Vertrags

Seitdem das gesetzliche Renteneintrittsalter angehoben wurde, raten Verbraucherschützer grundsätzlich zu einer Versicherungs-

und Leistungsdauer bis zum 67. Lebensjahr. Dies macht die Verträge allerdings besonders teuer. Allein die Erhöhung des Endalters von 65 auf 67 Jahre bewirkt bei vielen Versicherungen eine Prämienerhöhung um rund 15 Prozent.

Andersherum gilt jedoch: Eine Absenkung des Endalters auf das 60. Lebensjahr bringt eine Prämienreduzierung von 40 bis 50 Prozent, verglichen mit dem Endalter 67 (→ Tabelle Seite 68). Vielfach wird deshalb eine abgekürzte Versicherungs- und Leistungszeit als Chance propagiert, um einen ausreichenden BU-Schutz bezahlbar zu halten. Das Modell hat aber offenkundige Risiken: Wer berufsunfähig ist, steht ab 60 ohne Rente da.

Eine Alternative, die Prämien spart und

Prämienreduzierung mit Risiko (SBU): Endalter 60 statt 67

Nichtraucher, kaufmännischer Angestellter im Innendienst (100 % kaufmännisch tätig), Eintrittsalter 30, garantierte monatliche BU-Rente 1.000 Euro, jährl. Zahlweise, Überschusssystem Sofortrabatt, 5 Sterne im M&M BU-Rating, sortiert nach jährl. Zahlbeitrag bei Endalter 67 Jahre; Beiträge auf 1 Euro gerundet

GESELLSCHATFT	TARIF	ENDALTER 67 JAHRE		ENDALTER 60 JAHRE		ERSPAR-NIS BE-ZOGEN AUF DEN ZAHL-BEITRAG
		jährl. Maximal-beitrag (Euro)	jährl. Zahl-beitrag (Euro)	jährl. Maximal-beitrag (Euro)	jährl. Zahl-beitrag (Euro)	
Europa	E-B1 Premium	836	502	415	249	50 %
Nürnberger	SBU2800C	765	513	384	257	50 %
ERGO Leben	BUV316001Z	758	523	500	345	34 %
Basler	Basler BP	715	536	377	283	47 %
Swiss Life KR.BU	KlinikRente.BU (Tarif 134)	897	538	484	291	46 %
Swiss Life MR.BU	BU (Tarif 130)	897	538	484	291	46 %
AXA	ALVSBV, BG 1* bis 3	812	540	432	287	47 %
VHV Leben	BU-Exklusiv (VGBS-Plus)	832	541	473	307	43 %
Dialog	SBU-professional	679	543	350	280	48 %
Swiss Life	BU (Tarif 943)	925	559	497	301	46 %
Gothaer	BU15 T (Premium) – Familie	900	561	507	321	43 %
Zurich Dt. Herold	Berufsunfähigkeits-Vorsorge Bestand, BG 1–3	881	564	472	302	46 %
Dialog	SBU-professional, Erweiterte Bed.	712	570	366	293	49 %
Continentale	B1, BUV Premium	955	573	463	278	51 %
Swiss Life KR.BU	KlinikRente.BU care (Tarif 134)	961	576	520	312	46 %
Swiss Life MR.BU	BU care (Tarif 130)	961	576	520	312	46 %
Alte Leipziger	SecurAL LBV10	813	585	482	347	41 %
Zurich Dt. Herold	Berufsunfähigkeits-Vorsorge, BG 1-3	927	593	504	322	46 %
Alte Leipziger	SecurAL BV10	825	594	493	355	40 %

→

→ Prämienreduzierung mit Risiko (SBU): Endalter 60 statt 67						
GESELLSCHATFT	TARIF	ENDALTER 67 JAHRE		ENDALTER 60 JAHRE		ERSPARNIS BEZOGEN AUF DEN ZAHLBEITRAG
		jährl. Maximalbeitrag (Euro)	jährl. Zahlbeitrag (Euro)	jährl. Maximalbeitrag (Euro)	jährl. Zahlbeitrag (Euro)	
HDI	EGO Top BV15	793	595	426	319	46 %
HanseMerkur	SBU 2015 M	819	631	445	342	46 %
Allianz	Berufsunfähigkeits-Police Plus OBUU	755	634	464	390	38 %
Volkswohl Bund	SBU	960	653	533	363	44 %
Continentale	B1, BUV Premium mit Plus-Paket	1.098	659	532	319	52 %
Nürnberger	SBU2800P	984	659	505	338	49 %
LV 1871	Golden SBU Familie	1.222	660	647	349	47 %
LV 1871	Golden SBU	1.282	692	680	367	47 %
Continentale	B1, BUV Premium mit Pflege-Paket	1.184	711	639	383	46 %
InterRisk	ABV XL	1.094	711	591	384	46 %
AachenMünchener	BU	1.137	716	658	415	42 %
die Bayerische	BU PROTECT Komfort (15709)	1.028	720	580	406	44 %
Generali	SBUM 15 (Tarifstufe N)	1.042	767	559	411	46 %
IDUNA Leben	Comfort Berufsunfähigkeitsversicherung, Premium BUV	1.242	776	666	416	46 %
die Bayerische	BU PROTECT Komfort (15709) mit Pflegeabsicherung	1.097	779	630	449	42 %
Allianz	Berufsunfähigkeits-Police Plus OBUUPS	959	791	619	509	36 %
Stuttgarter	BUV-Plus (Tarif 91)	1.199	791	674	445	44 %
Continentale	B1, BUV Premium mit Pflege- und Plus-Paket	1.328	797	708	425	47 %
Volkswohl Bund	SBU+ mit Pflege-Schutzbrief	1.152	798	664	468	41 %
R+V	BV	1.164	815	626	438	46 %

→

→ **Prämienreduzierung mit Risiko (SBU): Endalter 60 statt 67**

GESELLSCHATFT	TARIF	ENDALTER 67 JAHRE		ENDALTER 60 JAHRE		ERSPAR-NIS BE-ZOGEN AUF DEN ZAHL-BEITRAG
		jährl. Maximal-beitrag (Euro)	jährl. Zahl-beitrag (Euro)	jährl. Maximal-beitrag (Euro)	jährl. Zahl-beitrag (Euro)	
die Bayerische	BU PROTECT Komfort plus (16729)	1.132	815	636	458	44 %
InterRisk	ABV XXL	1.263	821	683	444	46 %
Barmenia	SoloBU	1.186	830	624	437	47 %
Condor	C80 Comfort	1.191	833	651	456	45 %
LV 1871	Golden SBU Familie mit Pflegepaket	1.431	843	815	503	40 %
uniVersa	7401 SBU	1.308	850	726	472	44 %
die Bayerische	BU PROTECT Komfort plus (16729) mit Pflegeabsicherung	1.202	875	686	501	43 %
LV 1871	Golden SBU mit Pflegepaket	1.492	876	848	521	41 %
DEVK-Allgemeine	N BU	1.308	889	709	482	46 %
Provinzial Rheinland	Top-SBV (Tarif 49)	1.219	914	724	543	41 %
Barmenia	BU PflegePlus	1.335	934	min. Endalter 62 Jahre		
uniVersa	7401 SBU PFLEGEplus 100 %	1.440	948	802	528	44 %
Stuttgarter	BUV-Plus (Tarif 91), PflegeSofortSchutz (PZV, WOZV)	1.370	957	815	583	39 %
die Bayerische	BU PROTECT Prestige (16809)	1.229	959	688	537	44 %
SV Leben	Top-SBV	1.552	978	870	548	44 %
Württembergische	BURV	1.378	997	756	549	45 %
die Bayerische	BU PROTECT Prestige (16809) mit Pflege-absicherung	1.298	1.018	739	580	43 %
WWK	SBU Komfort (BS06)	1.395	1.032	775	574	44 %
Debeka	BV-T	1.738	1.303	899	674	48 %

Quelle: MORGEN & MORGEN GmbH, Stand MMOffice 3.29.001, April 2016, ID L16012

dennoch das Risiko im Leistungsfall begrenzt, ist die Aufteilung des Berufsunfähigkeitsschutzes in zwei Verträge mit unterschiedlichen Laufzeiten. Ein Beispiel zur Verdeutlichung: Statt eines Vertrags mit einer versicherten Rente in Höhe von 2.000 Euro wählen Sie zwei Verträge mit je 1.000 Euro Rente. Einer läuft bis zum Endalter 60, der andere hingegen bis 67. Verglichen mit dem Komplettschutz bis zum 67. Geburtstag, spart das erheblich an Prämie.

Das muss man aushalten können

Beate-Kathrin Bextermöller von *Finanztest* beurteilt das Splitting kritisch: „Natürlich wäre das Aufteilen der Verträge eine Chance, den Versicherungsschutz preisgünstiger zu machen. Nur wenn ein Vertrag mit 60 endet, dann steht man möglicherweise ab 60 für sieben Jahre mit der halben Rente da. Das muss man wissen und notfalls auch aushalten können. Ich empfehle, die Lücke möglichst bis 67 zu schließen.“

Natürlich hat das im Leistungsfall Konsequenzen: Falls Sie mit 45 Jahren berufsunfähig würden, bekämen Sie 15 Jahre lang 2.000 Euro Rente, anschließend sieben Jahre lang nur noch 1.000 Euro. Möglicherweise ist dies dann auszuhalten, wenn im Alter die laufenden Kosten geringer werden oder Ersparnisse eingesetzt werden können.

Pauschal- oder Staffelregelung?

Normalerweise zahlt der Versicherer pauschal die volle Rente, wenn der Kunde in dem zuletzt ausgeübten Beruf mindestens zu 50 Prozent berufsunfähig ist. Es gibt jedoch auch Gesellschaften, die eine Staffelregelung anbieten. Beispielsweise wird dann bei 25-prozentiger Berufsunfähigkeit bereits ein Viertel der Rente, bei 50-prozentiger Invalidität eine halbe Rente und erst bei Erreichen der 75-Prozent-Schwelle die volle Rente gewährt.

Zwischen diesen Eckwerten wird immer nach konkret festgestelltem Berufsunfähigkeitsgrad gezahlt: Also gibt es zum Beispiel bei 35 Prozent Berufsunfähigkeit 35 Prozent der versicherten Rente.

Die meisten Experten halten die Pauschalregelung für sinnvoller, da sie schneller zu einer ausreichenden materiellen Absicherung führt. Wer zu 50 Prozent berufsunfähig ist und seinen Job nicht mehr ausüben kann, erhält bei der Pauschalregelung die volle vereinbarte Rente. Diese liegt in den meisten Fällen schon deutlich unter dem zuvor erzielten Nettoeinkommen, bedeutet also bereits einen finanziellen Abstieg.

Bei der Staffelrente bekäme man im glei-

Wann gibt es wie viel Rente?

GRAD DER BERUFS-UNFÄHIGKEIT	STAFFELREGELUNG	PAUSCHALREGELUNG
25 %	25 % Rente	keine Rente
50 %	50 % Rente	100 % Rente
75 %	100 % Rente	100 % Rente

chen Fall aber nur die halbe vereinbarte Rente. Von einer Sicherung des Lebensstandards könnte dann wohl keine Rede mehr sein. Dieser Nachteil wird nicht dadurch wettgemacht, dass bereits bei 25-prozentiger Berufsunfähigkeit eine – allerdings sehr bescheidene – Rente gezahlt wird.

Zudem sind bei der Staffelregelung erheblich mehr Rechtsstreitigkeiten zu erwarten. Während bei der Pauschalregelung „nur" über die Schwelle von 50 Prozent gestritten wird, geht es in den medizinischen Gutachten bei der Staffelregelung um jeden Prozentpunkt.

Doch keine Faustregel ohne Ausnahme: Bei Selbstständigen, die trotz eines gesundheitlichen Handicaps ihr Geschäft weiterführen wollen, aber nicht mehr voll belastbar sind, könnte in Ausnahmefällen die Staffelregelung sinnvoll sein. So könnte etwa ein niedergelassener Arzt – zum Beispiel nach einem Herzinfarkt – etwas weniger arbeiten und den Einkommensverlust mit einer 30- oder 40-prozentigen Rente ausgleichen. Bei der Pauschalregelung wäre er gezwungen, seine Praxis aufzugeben, um an die Rente zu kommen.

Risiko Karenzzeiten

Eine Karenzzeit bedeutet, dass die Zahlung der Rente nicht sofort nach Eintritt der Berufsunfähigkeit einsetzt, sondern erst nach einer bestimmten Wartezeit, beispielsweise nach sechs Monaten, einem Jahr oder erst nach zwei Jahren.

Da die Versicherung im Leistungsfall Geld spart, fällt die Prämie etwas niedriger aus. Mitunter wird deshalb empfohlen, eine Karenzzeit zu vereinbaren. Verwiesen wird auf den bis zu 78 Wochen dauernden Krankengeldanspruch für gesetzlich Krankenversicherte. Selbstständige und privat versicherte Arbeitnehmer, so wird argumentiert, könnten zunächst vom Krankentagegeld leben, bevor nach einer Karenzzeit die Berufsunfähigkeitsrente einsetzt.

Vor solchen Ratschlägen kann nur gewarnt werden. Zum einen ist die Ersparnis nicht besonders groß, zum anderen handelt

Krankenversicherer zahlt nicht

Der Versicherungsberater Rüdiger Falken warnt nachdrücklich vor Karenzzeiten: „Die Krankentagegeldversicherung ist kein Ersatz. Im Gegenteil, gerade bei Berufsunfähigkeit zahlt sie bedingungsgemäß nicht. Private Krankenversicherer prüfen sehr genau, ob noch eine ‚normale' Krankheit oder schon eine Berufsunfähigkeit vorliegt, und stellen dann gegebenenfalls die Zahlungen ein. Und wenn man dann eine lange Karenzzeit vereinbart hat, hängt man in der Luft und steht ganz ohne Geld da."

sich der Versicherte ein erhebliches Risiko ein. Eine Krankentagegeldversicherung versichert ausdrücklich nur vorübergehende Erkrankungen. Drei Monate nach Eintritt einer Berufsunfähigkeit zahlt sie bedingungsgemäß nicht mehr. Außerdem wird sie eventuell überzahlte Tagegelder zurückfordern. Wenn Sie eine Karenzzeit vereinbaren, stehen Sie also möglicherweise über eine längere Zeit ohne Einkommen da.

Außerdem müssen Sie während einer Karenzzeit trotz schwerer Krankheit die Beiträge für die Versicherung weiterzahlen. Gerade dann kann das sehr schwerfallen.

Preiswerte Einsteigertarife

Immer mehr Versicherer bieten preisgünstige Starter- oder Einsteigertarife an. Damit wird der Berufsunfähigkeitsschutz für junge Leute preiswerter, 20- oder 25-Jährige zahlen mitunter weniger als die Hälfte im Vergleich zum Normaltarif. Die Spannbreite ist enorm. Während einige Anbieter nur 20 Prozent nachlassen, gewähren andere anfangs bis zu 75 Prozent Rabatt.

Der Umstieg auf den Normaltarif muss in der Regel bis zum 35. Lebensjahr erfolgen. Dann ist die Prämie allerdings deutlich höher, als wenn der Kunde von Beginn an den Normaltarif gewählt hätte.

Die konsequenteste Umsetzung einer strikt altersgerechten Kalkulation ist die „technisch einjährige" Versicherung, die aber derzeit nur von einem Versicherer (Dialog)

Schlaues Konzept

Axel Kleinlein vom Bund der Versicherten findet Einsteigertarife gut: „Das ist eine Chance, sich früh einen Berufsunfähigkeitsschutz zu sichern, ohne dass es finanziell allzu weh tut. Dafür zahlt man später etwas mehr, als wenn man sich sofort für einen fix kalkulierten Tarif entschieden hätte. Der Aufpreis zum Normaltarif ohne Starteroption sollte aber nicht mehr als 15 Prozent betragen."

Einsteigertarife: Anfangs viel Geld sparen

Vorgaben: Alter 20 Jahre, Nichtraucher, kaufmännischer Angestellter im Innendienst (100% kaufmännisch tätig), Versicherungsdauer und Leistungsdauer 47 Jahre, 1.000 Euro garantierte monatliche BU- Rente, jährliche Zahlweise, Überschusssystem Sofortrabatt, Dauer für verminderter Anfangsbeitrag mindestens 5 Jahre, 5 Sterne im M&M BU-Rating, sortiert nach dem M&M BU-Index; Beiträge auf 1 Euro gerundet

Hinweis: Der M&M BU-Index erfasst die voraussichtliche Höhe der Beiträge über den gesamten Versicherungsverlauf. Der Anbieter, der an der Spitze der Tabelle steht, bietet also vermutlich über lange Zeit betrachtet einen preiswerten Versicherungsschutz.

| | SBU-Starter-Tarif | | | | | klassischer SBU-Tarif | | |
ANBIETER	TARIF	jährl. Max-beitrag im 1. Jahr (Euro)	jährl. Zahl-beitrag im 1. Jahr (Euro)	jährl. Zahl-beitrag im 10. Jahr (Euro)	M&M BU-Index	TARIF	jährl. Max-beitrag (Euro)	jährl. Zahl-beitrag (Euro)
Europa	E-B1 starterVorsorge Premium	160	96	439	1,2	E-B1 Premium	649	389
Nürnberger	SBU2800FC	326	219	451	1,3	SBU2800C	606	406
AXA	ALVSTBU Starter-BU Pur (1 Intervall), BG 1* bis 3-	236	157	479	1,4	ALVSBV, BG 1* bis 3-	647	430
AXA	ALVSTBU Starter-BU Pur (2 Intervalle), BG 1* bis 3-	217	144	474	1,4	ALVSBV, BG 1* bis 3-	647	430
Basler	Basler BPS	367	275	459	1,4	Basler BP	571	428
Continentale	premiumBU Start	375	244	487	1,5	B1, BUV Premium	761	457
Gothaer	BU15 S T (Premium) - Familie	324	209	493	1,5	BU15 T (Premium) - Familie	714	447
Swiss Life	BU (Tarif 943)	536	325	481	1,5	BU (Tarif 943)	744	450
Swiss Life KR.BU	KlinikRente.BU (Tarif 134)	513	308	464	1,5	KlinikRente.BU (Tarif 134)	721	433
Swiss Life MR.BU	BU (Tarif 130)	513	308	464	1,5	BU (Tarif 130)	721	433
Swiss Life KR.BU	KlinikRente.BU care (Tarif 134)	546	328	494	1,6	KlinikRente.BU care (Tarif 134)	768	461
Swiss Life MR.BU	BU care (Tarif 130)	546	328	494	1,6	BU care (Tarif 130)	768	461
Allianz	BerufsunfähigkeitsStart-Police Plus OBU12U	328	275	551	1,7	OBUU	598	503

Anbieter	Basler BPS + Pflege					Basler BP + Pflege		
Basler	Basler BPS + Pflege	428	329	527	1,7	Basler BP + Pflege	649	495
Continentale	premiumBU Start mit Karriere-Paket	412	268	536	1,7	Tarifvariante wird in der klassischen SBU nicht angeboten		
Gothaer	BU15 S T (Premium)	324	230	546	1,7	BU15 T (Premium)	714	495
InterRisk	EcoPlan XL (2 Intervalle)	214	139	711	1,7	ABV XL	852	554
InterRisk	EcoPlan XL (3 Intervalle)	214	139	251	1,7	ABV XL	852	554
Swiss Life	BU care (Tarif 943)	569	345	512	1,7	BU care (Tarif 943)	791	478
Volkswohl Bund	SBUS	401	273	566	1,7	SBUJ	744	506
Continentale	premiumBU Start mit Plus-Paket	431	280	560	1,8	B1, BUV Premium mit Plus-Paket	875	525
InterRisk	EcoPlan XL (1 Intervall)	214	139	626	1,8	ABV XL	852	554
LV 1871	Golden SBUS Familie	800	432	567	1,8	Golden SBU Familie	961	519
Continentale	premiumBU Start mit Pflege-Paket	461	300	599	1,9	B1, BUV Premium mit Pflege-Paket	936	562
LV 1871	Golden SBUS	839	453	595	1,9	Golden SBU	1.008	544
AachenMünchener	BUS	484	319	627	2,0	BU	875	551
Volkswohl Bund	SBUJ+ mit Pflege-Schutzbrief	476	329	689	2,1	SBUJ+ mit Pflege-Schutzbrief	890	616
Allianz	BerufsunfähigkeitsStart-Police Plus OBU12UPS	496	405	681	2,2	OBUUPS	765	631
Condor	C81 Comfort	432	302	711	2,2	C80 Comfort	928	650
Continentale	premiumBU Start mit Pflege- und Plus-Paket	517	336	672	2,2	B1, BUV Premium mit Pflege- und Plus-Paket	1.050	630
R+V	BVS	406	284	694	2,2	BV	904	633
LV 1871	Golden SBUS Familie mit Pflegepaket	962	575	710	2,4	Golden SBU Familie mit Pflegepaket	1.123	662
LV 1871	Golden SBUS mit Pflegepaket	1001	596	738	2,5	Golden SBU mit Pflegepaket	1.170	687
Württembergische	BURVN	607	442	866	2,8	BURV	1.096	794

Quelle: MORGEN & MORGEN GmbH, Stand MMOffice 3.29.001, April 2016, ID L16015

angeboten wird. Dort zahlt der Kunde jedes Jahr einen anderen, risikogerechten Beitrag. In jungen Jahren ist er sehr niedrig und liegt in der Regel noch unter den Prämien von Einsteigertarifen. Später kippt der Preisvorteil und der Kunde muss irgendwann deutlich mehr bezahlen als bei einem Tarif mit konstanter Prämie über die gesamte Laufzeit. Allerdings kann er jederzeit in einen solchen Tarif mit konstanter Prämie umsteigen. Er darf nur nicht den geeigneten Zeitpunkt verpassen. Ein Rechenexempel!

Falle Schülertarife

Es gibt Tarife, die schon einen Berufsunfähigkeits- oder Grundfähigkeitsschutz für Kinder vorsehen, im Extremfall schon ab dem fünften Lebensjahr! Geworben wird damit, dass dann praktisch jeder den Schutz bekomme, da die Wahrscheinlichkeit von Vorerkrankungen gering sei und kein gefährlicher Beruf den Abschluss behindere. Im Prinzip stimmt das. Doch erstens kosten solche Tarife oft mehr als die preiswerten Einsteigertarife. Und sie haben oft einen Pferdefuß. Man muss rechtzeitig den tatsächlichen Beruf melden. Verpasst man das, wird der Vertrag unter Umständen automatisch in eine weitaus ungünstigere Erwerbsunfähigkeitsversicherung umgewandelt. Und die Laufzeit ist oft begrenzt, zum Beispiel auf 50 Jahre. Was harmlos klingt, ist eine üble Falle. Denn wer mit fünf Jahren versichert wird,

ist mit 55 Jahren raus und steht dann ohne Versicherungsschutz da.

Fazit: Es gibt keinen Grund, für Grundschüler einen BU-Schutz abzuschließen. Das hat in der Regel Zeit, bis der Einstieg ins Berufsleben stattfindet.

Gruppenvertrag – eine günstige Alternative

Es gibt Gruppen- oder Rahmenverträge, die besonders günstige Konditionen bieten und zum Beispiel allen Mitgliedern eines Großbetriebs, eines Vereins oder Verbands angeboten werden. Weil sich die Versicherungen hier schnell große Abschlusszahlen erhoffen, gewähren sie Rabatte.

Was in vielen Fällen noch wichtiger ist: Sie stellen häufig nur eingeschränkte Gesundheitsfragen. Beispielsweise wird nur gefragt, ob der Antragsteller innerhalb eines bestimmten Zeitraums länger als zwei Wochen krankgeschrieben war. Für Personen mit erheblichen Vorerkrankungen könnte dies unter Umständen die einzige Möglichkeit sein, einen Versicherungsschutz zu bekommen. Allerdings gelingt auch dies kaum noch, wenn der Interessent zuvor bereits von einem anderen Versicherer abgelehnt wurde. Denn in der Regel wird danach auch beim Abschluss eines Gruppenvertrags gefragt (→ Seite 44: „Problem: schwarze Liste").

Solche Gruppenverträge könnten künf-

Vorerkrankt? Ein Rahmenvertrag kann helfen

Elke Weidenbach, Versicherungsexpertin der Verbraucherzentrale NRW, rät:

„Wenn Sie schon Vorerkrankungen haben, fragen Sie Ihren Arbeitgeber, ob ein Rahmenvertrag mit einer Versicherungsgesellschaft zum Schutz der Berufsunfähigkeit vereinbart wurde. Da bei solchen Rahmenverträgen oft nur eingeschränkte Gesundheitsfragen gestellt werden, haben Sie die Gelegenheit, dort trotz Ihrer Vorerkrankungen aufgenommen zu werden. Wir haben allerdings beobachtet, dass, wenn Versicherungen den Versicherungsantrag nur locker prüfen, es später im Leistungsfall umso schwerer werden kann, die Rente durchzusetzen."

tig im Rahmen der betrieblichen Altersvorsorge eine stärkere Rolle spielen. Theoretisch könnten betriebliche Verträge sogar ausschließlich den Berufsunfähigkeitsschutz vorsehen.

Ist das versicherte Kollektiv groß genug und damit der Gesundheitszustand der Versicherten im Durchschnitt ausreichend gut, geht die Kalkulation sowohl für die Versicherung als auch für die Kunden auf.

Ein Problem sind jedoch Gruppenverträge, die von trickreichen Maklern organisiert werden, um „Problemkunden" einen Versicherungsschutz zu verschaffen – meist in Zusammenarbeit mit Versicherern, die dringend Neugeschäft benötigen. In solchen Gruppenverträgen bündeln sich Kunden mit ernsthaften Vorerkrankungen. Will der Versicherer die „Schadensquote" halbwegs begrenzen, so lassen sich für den Kunden Schwierigkeiten bei der Anerkennung einer Berufsunfähigkeitsrente bereits absehen.

Riester-Rente, Rürup-Rente und betriebliche Altersversorgung (bAV)

Ein Berufsunfähigkeitsschutz lässt sich auch in staatlich geförderte Altersvorsorgekonzepte integrieren. Dies ist in der Regel die einzige Möglichkeit, die Versicherungsprämien steuerlich geltend zu machen.

Riester-Rente

Mittlerweile gibt es über 16 Millionen Riester-Verträge. Doch kaum einer weiß, dass sich mit Riester-Verträgen ein Berufsunfähigkeitsschutz aufbauen lässt. Allerdings dürfen maximal 15 Prozent der Einzahlungen hierfür verwendet werden. Da bis zu 2.100 Euro pro Jahr gefördert werden, heißt das: Bis zu 315 Euro können in den Berufsunfähigkeitsschutz fließen. In der Praxis hat ein BU-Schutz per Riester-Vertrag aber so gut wie keine Bedeutung.

Wie viel Berufsunfähigkeitsschutz ist möglich?

	MAXIMALER ANTEIL DER PRÄMIE FÜR BERUFS-UNFÄHIGKEITSSCHUTZ	SPÄTERE RENTE STEUERPFLICHTIG?	KRANKENKASSENBEITRÄGE AUF BERUFSUNFÄHIGKEITS-RENTE?
Riester-Rente	15 %	JA	**NEIN** (Ausnahme: betriebliche Riester-Verträge)
Basisrente (Rürup-Rente)	49 %	JA (schrittweise Einführung)	**JA, wenn freiwillig kranken-versichert; NEIN, wenn pflichtversichert**
Betriebliche Alters-versorgung	100 %	JA	JA

Hinweis: Privat Krankenversicherte zahlen in keinem Fall Beiträge an die gesetzlichen Krankenkassen.

Rürup-Rente

Mehr Angebote gibt es bei der Rürup- oder Basisrente. Sie ist für Selbstständige und Freiberufler oft die einzige Möglichkeit, einen staatlich geförderten Berufsunfähigkeitsschutz aufzubauen. Maximal 49 Prozent der Beiträge dürfen hierfür eingesetzt werden. Zudem sind die Prämien für Rürup-Renten noch nicht voll steuerlich absetzbar. 2016 sind es 82 Prozent der Einzahlungen. Erst im Jahr 2025 können 100 Prozent der Beiträge steuerlich abgesetzt werden und es gelten jährliche Höchstgrenzen (→ Seite 133).

BU-Renten aus Rürup-Verträgen werden besteuert wie staatliche Erwerbsminderungsrenten. Die Abzüge sind damit höher als bei ungeförderten privaten Berufsunfähigkeits-verträgen (→ Seite 142). Daraus ergibt sich: Erfolgt der BU-Schutz per Rürup-Vertrag, sollte eine höhere Rente vereinbart werden.

Die Rürup-Rente als Altersvorsorge hat noch weitere Nachteile. Sie ist nicht vererbbar, nicht beleihbar und nicht kapitalisierbar, das heißt: Sie darf wirklich nur als Rente ausgezahlt werden. Wenn keine Hinterbliebenenversorgung vereinbart wurde, fällt im Todesfall das angesparte Kapital an die Versichertengemeinschaft. Die Erben gehen leer aus.

Außerdem gelten auch hier die Nachteile eines Kombinationsprodukts aus Rentenversicherung und BUZ: Falls der Vertrag aus Kostengründen nicht mehr bedient werden kann, ist mit dem Rürup-Vertrag auch der Berufsunfähigkeitsschutz weg.

Wenden Sie sich an Ihren Arbeitgeber!

Die Versicherungsexpertin der Verbraucherzentrale NRW, Elke Weidenbach, rät: „Bitten Sie Ihren Arbeitgeber um ein Angebot im Rahmen der betrieblichen Altersversorgung. Wenn Sie Teile Ihres Gehalts, zum Beispiel das Weihnachtsgeld, umwandeln, können Sie Steuern und Abgaben sparen. Bis 2.976 Euro bleiben derzeit steuer- und sozialabgabenfrei, wenn Ihr Arbeitgeber das Gehalt direkt in einen Versicherungsvertrag packt. Sie müssen aber wissen: Wenn Sie tatsächlich später eine Berufsunfähigkeitsrente beziehen sollten, wäre diese voll steuerpflichtig, und auch Pflegeversicherungs- und Krankenkassenbeiträge fallen an."

Betriebliche Altersversorgung (bAV)

Berufsunfähigkeit lässt sich auch über die vielfältigen Formen der betrieblichen Altersversorgung absichern. Die Durchführungswege sind Direktzusage (durch den Arbeitgeber), Direktversicherung, Unterstützungskasse, Pensionskasse und Pensionsfonds. Sie dienen zwar traditionell primär der zusätzlichen Altersvorsorge, lassen sich jedoch auch mit einer Berufsunfähigkeitsversicherung kombinieren und funktionieren theoretisch auch allein für diesen Schutz. Arbeitnehmer von großen Konzernen bekommen nicht selten tariflich eine Betriebsrente zugesichert, die auch im Fall der Erwerbsminderung Leistungen erbringt. Früher war diese Absicherung häufig zu 100 Prozent arbeitgeberfinanziert. Doch selbst wenn der Arbeitnehmer im Wege der Entgeltumwandlung seine Absicherung allein finanziert, hat das Vorteile.

Das funktioniert so: Teile des Bruttogehalts werden in eine betriebliche Altersversorgung eingezahlt. Weil der Arbeitnehmer diese Gehaltsbestandteile nicht bekommt, muss er darauf auch keine Steuern zahlen. Dies gilt allerdings nur bis zu bestimmten Grenzen (→ Kasten Seite 135). Unter Umständen kann er zusätzlich auch in erheblichem Umfang Sozialabgaben sparen.

→ **TIPP** **Berufsunfähigkeitsschutz im Betrieb: Vater Staat zahlt kräftig dazu**
Versuchen Sie, Ihren Berufsunfähigkeitsschutz über die betriebliche Altersversorgung zu verbessern. Sie haben seit dem 1. Januar 2002 ein gesetzliches Recht auf die sogenannte Entgeltumwandlung. Von Ihrem Gehalt dürfen Sie derzeit pro Jahr bis zu 2.976 Euro (= 4 Prozent der Beitragsbemessungsgrenze in der gesetzlichen Rentenversicherung West) wahlweise in eine Pensionskasse, einen Pensions-

fonds oder eine Direktversicherung „umwandeln". Der Vorteil: Dieser Teil Ihres Einkommens bleibt steuer- und sozialabgabenfrei. Selbst Normalverdiener zahlen dank dieser Subvention unterm Strich nur rund die Hälfte der Prämien aus der eigenen Tasche.

Falls Sie nicht schon eine Direktversicherung vor 2005 abgeschlossen haben und dort von der günstigen Pauschalversteuerung profitieren, können Sie zusätzlich weitere 1.800 Euro jährlich steuerfrei in eine Direktversicherung einzahlen. Das Volumen für steuerfreie Einzahlungen steigt dadurch auf 4.776 Euro (Stand 2016).

Theoretisch kann die Einzahlung aus einer Entgeltumwandlung voll in den Berufsunfähigkeitsschutz fließen. Fragen Sie Ihren Arbeitgeber, ob das in Ihrem Fall möglich ist.

Im Leistungsfall haben betriebliche Lösungen aber auch Nachteile: Weil die Einzahlungen steuerfrei waren, ist die Berufsunfähigkeitsrente nachgelagert voll steuerpflichtig. Dazu kommen noch volle Abzüge für Krankenkasse und Pflegeversicherung bei gesetzlich Versicherten.

Den Berufsunfähigkeitsschutz über den Betrieb abzuschließen, hat aber noch weitere Vorteile: Die Versicherungen haben mit den

 CHECKLISTE

Optimale Vertragsgestaltung

1. Schließen Sie möglichst schon in jungen Jahren eine selbstständige Berufsunfähigkeitsversicherung (SBU) ab. Auch eine Berufsunfähigkeitszusatzversicherung (BUZ) kann sinnvoll sein, als Kombination mit einer Risikolebensversicherung. Allenfalls für Selbstständige kommt eine BUZ in Kombination mit einer Rürup-Rente infrage.
2. Versichern Sie eine ausreichend hohe Berufsunfähigkeitsrente. Faustregel: Die Rente sollte mindestens zwei Drittel Ihres jetzigen Nettoeinkommens betragen.
3. Vereinbaren Sie den Rentenbezug ab 50 Prozent Berufsunfähigkeit.
4. Entscheiden Sie sich bei der Überschussbeteiligung für die Beitragsverrechnung.
5. Achten Sie im Normalfall auf eine möglichst lange Versicherungszeit und eine Leistungsdauer möglichst bis zum Beginn der Altersrente.
6. Wählen Sie einen Tarif mit Nachversicherungsgarantie, also dem Recht, später flexibel die Rentenhöhe anpassen zu dürfen. →

→

7. Vereinbaren Sie eine automatische Überprüfung von Risikozuschlägen nach drei Jahren.

8. Lassen Sie sich nicht auf Karenzzeiten ein.

9. Wenn Sie zu einer Risikogruppe gehören: Fragen Sie Ihren Arbeitgeber nach betrieblichen Lösungen, und halten Sie Ausschau nach einem günstigen Gruppenvertrag.

10. Ziehen Sie notfalls auch einen Vertrag mit kürzerer Versicherungszeit oder ohne Verweisungsverzicht in Erwägung – besser als kein Vertrag.

Arbeitgebern oft Rahmenvereinbarungen geschlossen, die erheblich vereinfachte Gesundheitsfragen vorsehen. Vielfach reicht es aus, wenn der Arbeitgeber in einer „Dienstobliegenheitserklärung" bescheinigt, dass der Arbeitnehmer in den vergangenen zwei Jahren nicht mehr als zwei Wochen am Stück arbeitsunfähig war. Weitere Gesundheitsfragen entfallen dann.

Für gesundheitlich angeschlagene Arbeitnehmer könnte dies der einzige Weg sein, überhaupt einen Versicherungsschutz zu bekommen oder gravierende Risikozuschläge zu vermeiden. Weiterer Vorteil: Ohne Gesundheitsfragen kann der Versicherte keine vorvertraglichen Anzeigepflichtverletzungen begehen und hat damit mehr Sicherheit.

Der dritte Schritt: gute Versicherungsbedingungen wählen

Ein wichtiger Aspekt bei der Auswahl von Berufsunfähigkeitsversicherungen sind die Versicherungsbedingungen. Das Kleingedruckte im Vertrag entscheidet darüber, was die Versicherung am Ende wert ist, das heißt, ob die Rente tatsächlich fließt. Denn wenn der Leistungsfall eintritt, wird der Versicherer haarklein prüfen, ob er auch wirklich zahlen muss.

Kein Wunder, geht es doch bei einer Berufsunfähigkeitsrente auf lange Sicht um Riesensummen: 30 Jahre lang zum Beispiel 2.000 Euro monatlich zahlen zu müssen, bedeutet für eine Versicherung die stolze Summe von 720.000 Euro. Um dieses Geld zu bekommen, müssen Ihre Ansprüche hieb- und stichfest sein. Dabei helfen faire und verbraucherfreundliche Versicherungsbedingungen.

In den folgenden Abschnitten sind zunächst die sieben wichtigsten Kriterien für faire Versicherungsbedingungen aufgeführt. Sie sollten unbedingt vor Abschluss einer Versicherung prüfen, ob der ins Auge gefasste Tarif diese Kriterien erfüllt. Anschließend werden andere wichtige Kriterien vorgestellt, die entweder den Versicherungsschutz weiter verbessern oder die für bestimmte Personengruppen wichtig sind. Lassen Sie sich Zeit und prüfen Sie genau! Wenn die Versicherung einmal abgeschlossen wurde, ist eine Nachbesserung der Vertragsbedingungen kaum noch möglich.

→ **TIPP Vorsicht, Verwechslungsgefahr!**
Prüfen Sie vor einer Unterschrift unter den Vertrag die Versicherungsbedingungen. Checken Sie, ob alle von Ihnen gewünschten Kriterien tatsächlich so im Kleingedruckten erwähnt werden. Vorsicht: Manche Gesellschaften haben mehrere Tarife mit täuschend ähnlich klingenden Namen, die sich in den Versicherungsbedingungen aber unterscheiden.

 § **URTEILE**

So entschieden die Gerichte bei Verweisung

- Ein Schreiner erhielt wegen einer Atemwegserkrankung eine BU-Rente und ergriff dann einen Job als Außendienstmitarbeiter. Die Versicherung strich die Rente. Der Ex-Schreiner klagte bis zum Bundesgerichtshof. Der entschied: Der Versicherungsnehmer müsse beweisen, dass die neue Tätigkeit nicht seiner bisherigen Lebens- →

Sieben Kriterien für verbraucherfreundliche Versicherungsbedingungen

Die folgenden Kriterien sollten im Kleingedruckten des Vertrags geregelt sein. Auf Zusicherungen in Werbeschriften oder Versprechungen eines Vermittlers sollten Sie nicht bauen, sonst erleben Sie womöglich im Streitfall eine böse Überraschung.

1. Verzicht auf abstrakte Verweisung

Viele Jahre lang war die abstrakte Verweisung für Versicherungen ein klassisches Hintertürchen, um Rentenzahlungen zu verweigern. Deshalb gilt: Der Versicherer sollte unabhängig von Beruf und Alter des Versicherten ausdrücklich auf die abstrakte Verweisung verzichten.

→
stellung entspreche. Allein die Tatsache, dass es sich hierbei nicht um einen Lehrberuf handele, reiche nicht. Werde ein Gelernter auf eine Tätigkeit verwiesen, für die keine Ausbildung erforderlich ist, so sei damit nicht von vornherein ein Abstieg in der sozialen Wertschätzung verbunden (BGH, Az. IV ZR8/08).
- Auch wer tatsächlich in einem neuen Job ähnlich viel wie in seinem alten verdient, verliert nicht automatisch die Rente. So entschied das Oberlandes- →

→

gericht Hamm im Fall eines Ex-Berufs-soldaten. Seit 2005 erhielt er wegen einer posttraumatischen Belastungs-störung eine BU-Rente. Nach dem Ab-schluss eines Germanistikstudiums trat er 2013 einen auf zwei Jahre befris-teten Job als wissenschaftlicher Mitar-beiter an. Die Rente bekommt er wei-ter, entschied das OLG: Vor allem durch die zeitliche Befristung werde die versicherte Lebensstellung eines unbefristet in den Dienst übernomme-nen Berufssoldaten nicht erreicht (OLG Hamm Az. 20 U 187/15).

• Ein ungelernter Arbeiter in einer Gieße-rei war nach einem Berufsunfall zu mehr als 50 Prozent berufsunfähig. Die Rente wurde verweigert, da der Versi-cherer argumentierte, der Arbeiter könne ohne Weiteres noch als Gabel-staplerfahrer tätig sein. Zu Unrecht, entschied das OLG Karlsruhe. In die-

→

sem Fall hatte der Versicherte erheb-liche, über die Kenntnisse eines nor-malen angelernten Arbeiters hinausge-hende Fähigkeiten erworben, sodass die Tätigkeit des Gabelstaplerfahrers nach Wertschätzung und Bezahlung nicht seinem zuvor ausgeübten Beruf entspricht (OLG Karlsruhe, Az. 12 U 196/06).

• Ein Tischlergeselle kann auf die Tätig-keit eines Fachverkäufers in einem Baumarkt verwiesen werden. Nach ei-nem Verkehrsunfall erhielt er ein Jahr lang die Rente. Als er sich gesundheit-lich etwas erholt hatte, stoppte der Versicherer die Zahlung und verwies den Ex-Tischler auf den Job als Kü-chenberater im Baumarkt. Zu Recht entschied das Landgericht Köln: Ein Fachverkäufer in einem Baumarkt ge-nieße keine geringere Wertschätzung als ein Tischlergeselle (LG Köln, Az. 26 O 76/08).

Zu erkennen ist das in § 2 der Versicherungs-bedingungen, der die Berufsunfähigkeit de-finiert. Gut ist, wenn dort beispielsweise steht, „wenn die Person ... außerstande ist, ihren zuletzt vor Eintritt der Berufsun-fähigkeit ausgeübten Beruf ... auszuüben." Schlecht ist, wenn dort steht, „seinen Beruf oder eine andere Tätigkeit auszuüben, die ...

seiner Lebensstellung entspricht." Das ist die verklausulierte Umschreibung für die ab-strakte Verweisung und bedeutet in der Lo-gik der Versicherer: Wer zwar in seinem Beruf nicht mehr arbeiten kann, aber noch einen anderen Job machen könnte, der seiner Le-bensstellung entspricht, wird auf diesen Job „verwiesen" und bekommt keine Rente.

Beispiel: Ein Schreiner, der bei einem Unfall einen Arm verliert, wird auf eine Anstellung in einem Baumarkt verwiesen. Dort könnte er möglicherweise als Marktleiter ein ähnliches Einkommen erzielen. Ob der invalide Handwerker wirklich eine Anstellung in einem Baumarkt findet, bleibt bei der abstrakten Verweisung unerheblich. Bedingung ist lediglich, dass es solche Jobs in erreichbarer Nähe wirklich gibt.

Wer keine Police mit komplettem Verweisungsverzicht bekommt, sollte zumindest versuchen, einen Tarif abzuschließen, der ab einem bestimmten Alter (ab 50 oder 55 Jahren) auf die Verweisung verzichtet. Das betrifft vor allem körperlich Tätige in Risikoberufen, wie zum Beispiel Fliesenleger oder Dachdecker.

Achtung: Wenn Sie sich tatsächlich im Leistungsfall einen anderen Job suchen, der ähnlich gut bezahlt wird und Ihrer Lebensstellung entspricht, wird die Rente meist gestrichen. Das nennt man konkrete Verweisung. Und auf die verzichtet so gut wie keine

Versicherung. Suchen Sie sich aber eine Stelle, die erheblich schlechter bezahlt wird, so haben Sie grundsätzlich weiter Anspruch auf die Rente.

Hilfreich ist es, wenn in den Versicherungsbedingungen festgelegt ist, wie hoch der Verdienst maximal sein darf, ohne die Rente zu gefährden, zum Beispiel 80 Prozent des letzten Bruttoeinkommens im versicherten Beruf.

2. Sechs-Monats-Prognose reicht

Vorteilhaft ist, wenn der sogenannte Prognosezeitraum auf sechs Monate verkürzt wird. Für eine Rentenzahlung reicht es dann aus, wenn der Arzt die Berufsunfähigkeit für die Dauer von mindestens sechs Monaten und darüber hinaus bescheinigt. In schlechten Bedingungen muss der Arzt eine „voraussichtlich dauernde" Berufsunfähigkeit bescheinigen – damit sind mindestens drei Jahre gemeint. Wird dieser Zeitraum ausdrücklich auf sechs Monate verkürzt, fällt es Ärzten leichter, die Berufsunfähigkeit festzustellen.

3. Rente ab Eintritt der Berufsunfähigkeit, auch rückwirkend bei verspäteter Meldung

Können Sie ärztlich nachweisen, dass Sie Ihren Beruf krankheitsbedingt mindestens sechs Monate ohne Unterbrechung nicht ausüben konnten, und besteht dieser Zustand fort, so sind Sie bedingungsgemäß berufs-

Nicht zulasten der Rentenhöhe

Versicherungs- und Rentenberater Frank Begas weiß:

„Gute Versicherungsbedingungen haben ihren Preis. Trotzdem sollte niemand den Fehler machen, zu geringe Rentenhöhen zu vereinbaren. Wenn jemand nur eine Minirente versichert, dann nutzt ihm auch der Verweisungsverzicht häufig wenig. Wer von einer Mini-Berufsunfähigkeitsrente nicht leben kann, ist unter Umständen ohnehin gezwungen, trotz Krankheit noch einen Job anzunehmen. Und tut er dies wirklich, wird ihm die Rente womöglich noch gestrichen."

unfähig. In älteren Bedingungswerken zahlt der Versicherer dann ab dem siebten Monat. Besser ist es, wenn die Versicherung schon ab Beginn der Berufsunfähigkeit die Rente gewährt, also rückwirkend.

Kundenfreundliche Versicherungen verzichten zudem auf Meldefristen und zahlen rückwirkend ab Beginn. Das heißt, sie zahlen bis zu drei Jahre rückwirkend, wenn die Meldung verspätet erfolgt und der Versicherte nachweist, dass er in dem betreffenden Zeitraum ununterbrochen berufsunfähig war.

Das ist wichtig, denn häufig wird eine Erkrankung zunächst unterschätzt, und niemand rechnet mit einer dauerhaften Berufsunfähigkeit. Die Meldung erfolgt dann erst, nachdem die erhoffte Besserung nicht eingetreten ist. Auch bei schweren Unfällen wird häufig versäumt, schnell den Rentenantrag zu stellen. Die Angehörigen haben oft mit Betreuung und Pflege so viel zu tun, dass eine Meldung an die Versicherung unterbleibt. Manchmal wissen die Angehörigen lange Zeit auch gar nicht, dass überhaupt eine Versicherung existiert.

4. Zinslose Stundung der Beiträge bis zur Leistungsentscheidung

Bis der Versicherer über die Gewährung der Rente entschieden hat, vergehen Monate, in Extremfällen sogar Jahre. In dieser Zeit ist der Versicherte in der Regel auf Krankengeld oder Krankentagegeld angewiesen. Da fällt die Zahlung der Versicherungsprämie oft schwer. Und wer seine Beiträge nicht mehr zahlt, verliert schnell den Versicherungsschutz. Wichtig ist deshalb, dass – auf Antrag – die Beiträge bis zur Leistungsentscheidung zinslos gestundet werden. Noch besser wäre es, wenn die Versicherung die Beiträge automatisch stundet. Über eines müssen Sie sich jedoch im Klaren sein: Sollte am Ende die Rente abgelehnt werden, müssen die zuvor gestundeten Beiträge nachgezahlt werden.

5. Nachversicherungsgarantie

Wählen Sie einen Tarif mit Nachversicherungsgarantie. Das gibt Ihnen die Chance, dass die versicherte Rentenhöhe auch bei steigendem Einkommen und veränderter familiärer Situation angemessen bleibt. Eine Nachversicherungsgarantie ermöglicht eine Erhöhung der versicherten Rente ohne erneute Gesundheitsprüfung.

Vorteilhaft ist, wenn zumindest eine Verdopplung der ursprünglich vereinbarten Rentenhöhe möglich ist. Meistens knüpfen die Versicherer die Möglichkeit zur Erhöhung an bestimmte Ereignisse wie etwa Heirat, Geburt eines Kindes oder Immobilienerwerb. Besser ist es, wenn Sie die Möglichkeit haben, unabhängig von solchen Tatbeständen die Rentenhöhe flexibel anzupassen. Meist können Sie die Nachversicherungsgarantie bis zum 40. oder 45. Lebensjahr nutzen. Achten Sie darauf, dass die maximal versicherbare Jahresrente Ihnen genug Spielraum nach oben lässt: Begrenzungen auf 18.000 oder 24.000 Euro können also ungünstig sein.

6. Verzicht auf Kündigung oder Vertragsänderung (§ 19 Absatz 3 und 4 VVG)

Sehr gut ist, wenn der Versicherer auf das Recht zur Kündigung oder einer Vertragsänderung gemäß § 19 Absatz 3 und 4 Versicherungsvertragsgesetz (VVG) verzichtet. Es können Ihnen dann keine Nachteile entstehen,

§ URTEIL

Vollzugsbeamter mit „Häftlingsphobie"

23 Jahre lang machte ein Justizvollzugsbeamter problemlos seinen Dienst. Dann litt der Fahrer von Gefangenentransporten unter zunächst unerklärlichen Angstzuständen, die schließlich in einem Gutachten als „Häftlingsphobie" eingestuft wurden. Tatsächlich brach dem 49-Jährigen kalter Schweiß aus, wenn er nur von Weitem einen Strafgefangenen sah. Der Amtsarzt entschied: dienstunfähig. Folglich wurde der Beamte in vorzeitigen Ruhestand geschickt.

Doch seine private Berufsunfähigkeitsversicherung verweigerte die Zahlung. Er könne noch problemlos beispielsweise in der Telefonzentrale arbeiten. Mit diesem Verweisungsversuch kam die Versicherung vor dem Bonner Landgericht aber nicht durch: Dem an unheilbarer Angstneurose erkrankten und deshalb dienstunfähigen Vollzugsbeamten sei eine Tätigkeit im Justizvollzug nicht zuzumuten und ihm stehe somit die Rente zu (Az. 10 O 517/96). Wenn er einen Vertrag mit echter Dienstunfähigkeitsklausel gehabt hätte, hätte er keinen Prozess führen müssen – die Versicherung hätte bedingungsgemäß zahlen müssen.

falls Sie schuldlos unkorrekte Angaben gemacht haben sollten.

7. Weltweiter Versicherungsschutz

Immer mehr Arbeitnehmer sind zeitweise im Ausland tätig, außerdem wächst die Zahl der Auswanderer. Als Mindeststandard bieten die Versicherer Berufsunfähigkeitsschutz im Gebiet der Europäischen Union. Das klingt gut, aber damit würde bereits ein Umzug in die Schweiz den Verlust des Versicherungsschutzes bedeuten. Kundenfreundlich ist also nur der zeitlich unbegrenzte weltweite Versicherungsschutz.

Weitere sinnvolle Versicherungsbedingungen

Erleichterter Nachweis der Berufsunfähigkeit

Regelmäßig gibt es viel Ärger bei der Frage: Besteht die Berufsunfähigkeit tatsächlich zu mindestens 50 Prozent? Nicht selten entbrennt hierüber ein Gutachterstreit, während der Versicherte auf seine Rente wartet. Kundenfreundlich sind deshalb folgende Regelungen:

→ Aus der Bewilligung einer Erwerbsminderungsrente der gesetzlichen Rentenversicherung folgt automatisch die Zahlung der Berufsunfähigkeitsrente.

→ Bei Erfüllung eines Pflegepunktes in der gesetzlichen Pflegeversicherung folgt automatisch die Zahlung der Berufsunfähigkeitsrente.

→ Eine sechsmonatige dauerhafte Arbeitsunfähigkeit führt zur (vorläufigen) Zahlung der Berufsunfähigkeitsrente. Die Arbeitsunfähigkeit ist ärztlich nachzuweisen, wobei in der Regel verlangt wird, dass auf dem „gelben Zettel" eine Diagnose vermerkt ist und mindestens eine der Krankschreibungen durch einen Facharzt erfolgt.

→ Für Beamte: Aus der Bescheinigung der dauerhaften Dienstunfähigkeit (DU) folgt automatisch und ohne weitere medizinische Nachprüfung die Zahlung der Berufsunfähigkeitsrente.

Begrenzung der Gesundheitsfragen auf die letzten fünf beziehungsweise zehn Jahre

Manchmal gehen die Nachfragen zum Gesundheitszustand sehr weit zurück, im Extremfall müssen alle seit der Kindheit aufgetretenen Krankheiten angegeben werden. Hieraus ergeben sich fast zwangsläufig fehlerhafte oder lückenhafte Angaben, denn kaum jemand kann sich über Jahrzehnte korrekt erinnern. Kundenfreundlich ist es deshalb, wenn die Gesundheitsfragen zeitlich begrenzt werden: maximal auf die letzten fünf Jahre bei ambulanten Behandlungen und zehn Jahre bei stationären Behandlungen. Gut ist auch, wenn nur nach ärztlichen Behandlungen gefragt wird und nicht generell nach „Krankheiten und Gebrechen", denn bei dieser Frage besteht die Gefahr, dass Sie unabsichtlich etwas vergessen.

Verzicht auf § 163 VVG

In der Regel – Ausnahme: dynamische Verträge – bildet der Bruttobeitrag die Obergrenze dessen, was Kunden zahlen müssen. Dieser Bruttobeitrag muss bei seriös kalkulierenden Gesellschaften ausreichen, um auch bei sehr schlechtem Schadenverlauf die vereinbarten Leistungen zahlen zu können. Oft liegt der Bruttobeitrag bei Vertragsschluss fast doppelt so hoch wie der tatsächlich verlangte Nettobeitrag. Hier ist also ein erhebliches Sicherheitspolster einkalkuliert.

Trotzdem halten sich viele Versicherer noch ein Hintertürchen offen. Der § 163 Versicherungsvertragsgesetz (VVG) erlaubt nämlich eine „Neufestsetzung der vereinbarten Prämie ..., wenn sich der Leistungsbedarf nicht nur vorübergehend und nicht voraussehbar gegenüber den Rechnungsgrundlagen der vereinbarten Prämie geändert hat." Bei außergewöhnlichen Ereignissen kann die Prämie also über den Bruttobeitrag hinaus erhöht werden. Für den Kunden bedeutet das ein Risiko späterer Beitragserhöhungen. Einige Versicherungen verzichten deshalb von sich aus ausdrücklich auf die Anwendung des § 163 VVG (= § 172 VVG, alte Fassung), sodass der Kunde vor unvorhersehbaren Prämienerhöhungen sicher ist.

Ob dies jedoch ausschließlich positiv zu bewerten ist, bleibt unter Experten umstritten. So wird eingewandt, dass § 163 VVG nur in extremen Situationen zum Zuge komme. Wenn möglicherweise der Bestand der Versicherung insgesamt auf dem Spiel stehe, sei eine Beitragserhöhung möglicherweise das kleinere Übel, bevor der Kunde ganz ohne Versicherungsschutz dastehe.

Dynamik der Berufsunfähigkeitsrente auch im Leistungsfall

Vorteilhaft ist es, wenn der Tarif eine Dynamik im Leistungsfall vorsieht. Dann steigt die Berufsunfähigkeitsrente, abhängig von der gewährten Überschussbeteiligung um 1 bis 1,5 Prozent jährlich (nicht garantiert). Das reicht derzeit, um die Inflation auszugleichen. Eine garantierte (von der Überschussbeteiligung unabhängige) Leistungsdynamik sollten Sie nicht vereinbaren, denn das macht die Prämie sehr teuer.

Beitragsfreie Dynamik für die Hauptversicherung im Leistungsfall

Wenn eine Berufsunfähigkeitszusatzversicherung (BUZ) in Kombination mit einer dynamischen Kapitallebens- oder Rentenversicherung zur Altersvorsorge abgeschlossen wird, dann sollte im Leistungsfall die Hauptversicherung beitragsfrei dynamisch weitergeführt werden. Damit wird sichergestellt, dass selbst im Fall einer relativ frühzeitigen Berufsunfähigkeit durch die dynamisch steigende Hauptversicherung im Alter eine ausreichende Versorgung gewährleistet ist.

In den meisten Fällen ist jedoch eine Kombination von BUZ mit Altersvorsorge nicht sinnvoll.

Keine Arztanordnungsklausel

Es gibt Versicherer, die von ihren Versicherten im Leistungsfall verlangen, dass diese auch den Anweisungen ihrer begutachtenden Ärzte Folge leisten müssen.

Im Einzelfall kann das bedeuten: Ein im Auftrag der Versicherung tätiger Arzt verlangt vom Erkrankten, den Alkohol- und Nikotingenuss komplett einzustellen – sonst gibt es keine Rente. Oder ein Gutachter verlangt weitere Behandlungen, zum Beispiel Operationen. Um dieses Risiko auszuschließen, sollten Sie darauf achten, dass keine Arztanordnungsklausel im Vertrag enthalten ist.

Wiedereingliederungshilfe bei Reaktivierung

Die Versicherungen können bei Kunden, die eine Berufsunfähigkeitsrente erhalten, einmal jährlich eine umfassende ärztliche Untersuchung verlangen. Stellt der Arzt eine erhebliche Besserung fest, wird der Versicherte „reaktiviert" und die Rente gestrichen. Der Versicherte kann in der Regel nicht ohne Weiteres in seinen alten Job zurückkehren und steht ohne Einkommen da.

In diesem Fall ist es vorteilhaft, wenn die Versicherung in ihren Bedingungen im Fall der Reaktivierung eine Wiedereingliederungshilfe zusagt, zum Beispiel in Höhe einer Jahresrente.

Luftfahrtklausel

Normalerweise ist der Versicherungsschutz bei Luftfahrten ausdrücklich begrenzt auf Passagiere in zivilen Verkehrsmaschinen. Wer jedoch als Pilot oder Stewardess arbeitet oder berufsmäßig Ballon fährt, muss sicherstellen, dass für ihn Luftfahrten mitversichert sind. Diese Personen brauchen eine Versicherung mit einer Luftfahrtklausel.

Keine Meldepflicht bei Verbesserung des Gesundheitszustands

Vorteilhaft ist es, wenn die Versicherungsbedingungen keine Anzeige- oder Meldepflicht von gesundheitlichen Verbesserun-

Vorsicht bei Vertrags- umstellung

Wer noch einen Vertrag mit ungünstigen Versicherungs- bedingungen hat, sollte sich bei seinem Versicherer melden, rät Beate-Kathrin Bextermöller von *Finanztest*. „Auf einen neuen Vertrag mit guten Bedingungen sollten Sie aber nur dann umsteigen, wenn dies zum alten Einstiegsalter ohne neue Gesundheitsprüfung erfolgt. Andernfalls wird der neue Vertrag vermutlich erheblich teurer! Falls Sie jedoch noch nicht zu alt sind, könnten Sie auch die Chance nutzen und den Markt neu sondieren. Lassen Sie sich die Unterlagen von mehreren Gesellschaften kommen, die derzeit gute Bedingungen bieten, und entscheiden Sie sich dann neu!"

gen vorsehen. Im Fall einer Gesundung vermindert dies das Risiko, dass Rentenleistungen zurückgefordert werden. Selbstverständlich müssen Sie aber Nachfragen zum Gesundheitszustand wahrheitsgemäß beantworten. Unbenommen bleibt der Versicherung auch das Recht, einmal jährlich auf eigene Kosten den Gesundheitszustand zu überprüfen.

Was tun bei Altverträgen?

Viele der genannten verbraucherfreundlichen Regelungen sind in den Bedingungswerken seit einigen Jahren vorgesehen. Neukunden haben also gute Chancen, davon zu profitieren – Altkunden hingegen nicht. Sie müssen weiter zum Beispiel mit der abstrakten Verweisung oder einer Drei-Jahres-Prognose leben. Hier gilt leider: Vertrag ist Vertrag. Ein Recht auf Nachbesserung hat der Kunde nicht.

Dennoch: Klären Sie, inwieweit sich bei Ihrem Anbieter die Versicherungsbedingungen verbessert haben. Fordern Sie ihn auf, die Verbesserungen auch Ihnen zuzusichern. Wenn Sie Ihren Vertrag bei einem Versicherungsagenten abgeschlossen haben, schalten Sie diesen ein. Er sollte ein Interesse haben, Sie als Kunden zu behalten, und könnte Vertragsverbesserungen mit der Zentrale aushandeln. Eventuell müssen Sie hierfür eine Prämienerhöhung akzeptieren.

Ganz wichtig: Geben Sie sich nicht mit mündlichen Zusicherungen des Vermittlers zufrieden. Verlangen Sie eine schriftliche Zusage der Versicherung, dass Ihre Versicherungsbedingungen in bestimmten Punkten geändert wurden.

Bestehen Sie auf einer reinen Zusatzvereinbarung, schließen Sie also keinesfalls einen komplett neuen Vertrag ab. Der würde nämlich mit Ihrem aktuellen Alter neu kalkuliert und folglich teurer; zudem müssten Sie damit rechnen, dass Erkrankungen, die Sie in der Vergangenheit erlitten haben, nun zu Ausschlüssen beim Versicherungsschutz führen.

Was kostet eine
gute Versicherung?

Bei der Wahl des Berufsunfähigkeitsschutzes sollte, anders als bei vielen anderen Versicherungen, nicht der Preis im Vordergrund stehen. Wichtiger ist, ob Sie einen Vertrag mit guten Versicherungsbedingungen bekommen und im Ernstfall fair behandelt werden. Kundenfreundliche Versicherungen müssen nicht zwingend sehr teuer sein. Auch unter den preiswerteren Gesellschaften finden sich gute Anbieter.

Wie viel muss man für einen guten Schutz mindestens bezahlen? Um wie viel teurer wird es, wenn man körperlich tätig ist, zum Beispiel als Elektriker? Und mit welchen Zuschlägen ist zu rechnen, wenn man schon etwas älter ist?

Eine Übersicht finden Sie in den folgenden Tabellen „Preisspannen", und zwar für zwei Berufe, jeweils für die selbstständige Berufsunfähigkeitsversicherung (SBU) und die Berufsunfähigkeitszusatzversicherung mit Risikolebensversicherung (BUZ). Berücksichtigt sind nur Tarife mit sehr guten Versicherungsbedingungen (5 Sterne im M & M BU-Rating).

Preisvergleiche lohnen sich: Für vergleichbaren Versicherungsschutz zahlen Sie bei sehr teuren Versicherungen doppelt so viel wie bei günstigen Anbietern. Wer als 30-jähriger, kerngesunder kaufmännischer Angestellter einen selbstständigen Berufsunfähigkeitsvertrag abschließt, zahlt für eine versicherte Monatsrente in Höhe von 1.000 Euro bei einer günstigen Versicherung derzeit deutlich unter 600 Euro Jahresbeitrag. Teure Anbieter verlangen für den gleichen Schutz über 800 Euro, im Extremfall über 1.000 Euro jährlich.

Eine klassische BUZ (inklusive Risikolebensversicherung) ist generell etwas teu-

Preisspannen für selbstständige Berufsunfähigkeitsversicherungen (SBU)

Garantierte monatliche BU-Rente: 1.000 Euro, Endalter 67 (bei Elektriker: 65), Nichtrauchertarif, Sofortrabatt, angegeben werden die derzeitigen Zahlbeiträge (Nettobeiträge) – die Maximalbeiträge (Bruttobeiträge) können insbesondere bei den sehr günstigen Anbietern deutlich höher liegen.

EINTRITTSALTER	KAUFMÄNNISCHER ANGESTELLTER	ELEKTRIKER
30	günstig: bis 600 Euro	günstig: bis 900 Euro
	teuer: über 800 Euro	teuer: über 1.200 Euro

Preisspannen für Berufsunfähigkeitszusatzversicherungen (BUZ)

Garantierte monatliche BU-Rente: 1.000 Euro, Risikoversicherungssumme: 50.000 Euro, Endalter 67 (bei Elektriker: 65), Jahresbeiträge, Nichtrauchertarif, Sofortrabatt, angegeben werden die derzeitigen Zahlbeiträge (Nettobeiträge) – die Maximalbeiträge (Bruttobeiträge) können insbesondere bei den sehr günstigen Anbietern deutlich höher liegen.

EINTRITTSALTER	KAUFMÄNNISCHER ANGESTELLTER	ELEKTRIKER
30	günstig: bis 700 Euro	günstig: bis 1.000 Euro
	teuer: über 900 Euro	teuer: über 1.300 Euro

rer als die SBU desselben Anbieters. Hier zahlt der 30-jährige kaufmännische Angestellte für eine versicherte Monatsrente von 1.000 Euro bei preiswerten Anbietern bis 700 Euro Jahresbeitrag. Bei teuren Anbietern können gleich gute Tarife jedoch 900 Euro und mehr kosten.

Wer bei Abschluss der Versicherung bereits 40 Jahre alt ist, muss bei fast allen Versicherungen 30 bis 40 Prozent mehr Prämie zahlen. Und körperlich Tätige zahlen jeweils deutlich mehr als „Schreibtischtäter": Elektriker zum Beispiel bis zu 50 Prozent mehr als kaufmännische Angestellte.

Für sehr schwer arbeitende Handwerker wie Fliesenleger oder Dachdecker kommt eine Berufsunfähigkeitsversicherung ab einem bestimmten Alter praktisch nicht mehr

infrage. Entweder bekommen sie keine Versicherung (insbesondere bei Vorerkrankungen), oder sie müssten Jahresprämien zahlen, die sie sich wahrscheinlich nicht leisten können.

Ein möglicher Ausweg sind Verträge mit verkürzten Laufzeiten (→ Seite 68) oder alternative Produkte wie eine Grundfähigkeitenversicherung, für die körperlich Tätige nicht so hohe Aufschläge zahlen wie in der Berufsunfähigkeitsversicherung.

Wie Sie Ihre Prämie schätzen können

Nun sind Sie vermutlich weder exakt 30 Jahre alt noch kaufmännischer Angestellter oder Elektriker. Außerdem brauchen Sie vielleicht mehr als 1.000 Euro Rente im Monat. Dennoch geben Ihnen die Tabellen wichtige An-

haltspunkte, mit wie viel Prämie Sie rechnen müssen. Dazu müssen Sie die Tabellenwerte an Ihre individuellen Vorgaben anpassen.

Die Rentenhöhe

Selbstständige Berufsunfähigkeitsversicherungen werden nahezu linear kalkuliert. Wenn Sie also statt 1.000 Euro eine Monatsrente von 2.000 Euro wollen, müssen Sie die Jahresprämie rund verdoppeln.

Bei der Berufsunfähigkeitszusatzversicherung dagegen kostet die Erhöhung auf eine Monatsrente von 2.000 Euro nicht automatisch das Doppelte. Der Grund: Die Kosten für den Todesfallschutz bleiben in der Risikolebensversicherung bei gleich hoher

 HINTERGRUND

Einteilung in Berufsgruppe entscheidet

Gesellschaften, die den kaufmännischen Angestellten preiswert versichern, müssen nicht zwingend auch für den Elektriker günstig sein. Hier ist leider für jede „Risikogruppe" ein neuer Preisvergleich nötig. Das liegt daran, dass die Gesellschaften die Berufe in unterschiedliche Berufsgruppen (→ Seite 48) einsortieren. In Extremfällen zahlt der Elektriker dreimal mehr als der kaufmännische Angestellte!

Versicherungssumme identisch. Lediglich der BU-Anteil an der Versicherungsprämie verdoppelt sich. Unterm Strich zahlen Sie deshalb für eine Verdoppelung der versicherten BU-Rente „nur" rund 90 Prozent mehr Versicherungsbeitrag.

Ihr Alter

Sind Sie jünger oder älter als angegeben? Dann dürfen Sie vom Richtwert etwas abziehen oder müssen etwas draufschlagen. Faustregel: pro 5-Jahresschritt mindestens 15 Prozent. Wenn Sie also statt 30 erst 25 Jahre alt sind, dürfen Sie rund 15 bis 20 Prozent abziehen. Sind Sie hingegen statt 30 schon 35 Jahre alt, müssen Sie rund 15 bis 20 Prozent draufschlagen.

Raucher oder Nichtraucher?

Bei den sehr günstigen Anbietern sind die Tarife generell auf Nichtraucher abgestellt. Das heißt, Raucher sollten mindestens 10 Prozent zur genannten Prämie hinzurechnen.

Kürzere Laufzeiten

Wer sich nicht bis zum Alter von 67 Jahren versichert, spart erheblich an Prämie. Die Reduzierung der Versicherungszeit von 67 auf 65 Jahre bringt einen Nachlass um rund 15 Prozent. Wer sich mit einer Versicherungszeit bis zum 60. Geburtstag begnügt, kann sogar mit einem Nachlass der Prämie um 40 bis 50 Prozent rechnen. Mit anderen Worten:

 **HINTERGRUND**

Nicht Äpfel mit Birnen vergleichen

Viele Versicherer berechnen ihre Prämien unter Optimalbedingungen (also ohne Vorerkrankungen, Nichtraucher, risikoloser Beruf). Deshalb kann der Preisvergleich insbesondere für ältere Interessenten mit Vorerkrankungen ganz anders ausfallen. Da die etwas teureren Gesellschaften mitunter geringere Risikozuschläge verlangen, sind solche „Problemversicherte" dort manchmal sogar besser aufgehoben.
Beispiel: Eine 39-jährige Frau wollte bei einem günstigen Direktversicherer einen Vertrag. Der Basispreis war günstig, doch dann kam die Überraschung: 10 Prozent Raucherzuschlag und 50 Prozent Risikozuschlag für einen erblich bedingt erhöhten Cholesterinwert. Damit war der Billiganbieter teurer als ein großer klassischer Versicherer mit Filialnetz. Dort unterschrieb sie schließlich auch.

Wer das Risiko eingeht, sich nur bis zum Alter von 60 Jahren zu versichern, zahlt bei manchen Versicherern fast die Hälfte weniger. Aber Achtung: Im Ernstfall müsste man eine mehrjährige Lücke bis zum regulären Renteneintritt überbrücken.

Fazit: Die in den Tabellen auf Seite 68 genannten Beträge bilden die untere Grenze der voraussichtlichen Jahresbeiträge. Personen mit Vorerkrankungen zahlen in der Regel mehr.

Zudem handelt es sich um Nettobeiträge. Die Bruttobeiträge liegen gerade bei den günstigen Versicherern oft doppelt so hoch. Und auf diesen Wert könnte theoretisch die Beitragsbelastung steigen.

Einige Versicherer – darunter auch sehr preiswerte Anbieter – bieten ausschließlich Berufsunfähigkeitszusatzversicherungen (BUZ), aber keine selbstständigen Tarife an. Es kann deshalb vorkommen, dass ein BUZ-Tarif bei einer solchen Gesellschaft sogar günstiger ist als ein selbstständiger BU-Tarif bei anderen Versicherern.

So stellen Sie den
Versicherungsantrag

In drei Schritten haben wir den Weg zu einem passenden Berufsunfähigkeitsschutz aufgezeigt. Nun können Sie bei Versicherern mit guten Bedingungen Anträge stellen. Einen Überblick, wer Tarife mit solchen Bedingungen preiswert anbietet, finden Sie im Anhang ab Seite 160.

Je ungünstiger Ihr Risikoprofil ist, desto mehr Anträge müssen Sie stellen und dabei auch teurere Anbieter mit einbeziehen. Haben Sie hingegen keine oder nur leichte Vorerkrankungen und einen wenig riskanten Beruf, müssen Sie wahrscheinlich nur wenige Anträge stellen und können sich auf die preiswerten Anbieter beschränken. Wenn Sie Unterstützung brauchen, vereinbaren Sie einen Termin für die – kostenpflichtige – Versicherungsberatung Ihrer Verbraucherzentrale (Adressen → Seite 174).

Die richtige Strategie

Für alle Interessenten gilt: Sie sollten mehrere Anträge stellen – und das möglichst gleichzeitig. Es besteht die Gefahr, dass die von Ihnen im Versicherungsantrag gemachten Angaben in der Zentraldatei der Versicherer gespeichert werden (→ Seite 44: „Problem: schwarze Liste"). Eine Ablehnung wird dort sicher registriert, was Ihre Chancen bei künftigen Anträgen deutlich verschlechtert. Wenn Sie aber alle Anträge gleichzeitig abschicken, können Sie wahrheitsgemäß im Formular angeben, dass Sie noch nie abgelehnt wurden.

Wer aufgrund bestehender Vorerkrankungen oder eines Risikoberufs mit Ablehnungen oder Ausschlüssen rechnen muss, sollte vor Antragstellung eine anonymisierte Risikovoranfrage stellen. Damit verschaffen Sie sich einen Überblick, wer Sie zu welchen Bedingungen versichern würde. Das ist zwar unverbindlich, aber zumindest lässt sich so die Spreu vom Weizen trennen.

Die Schritte zum Vertrag

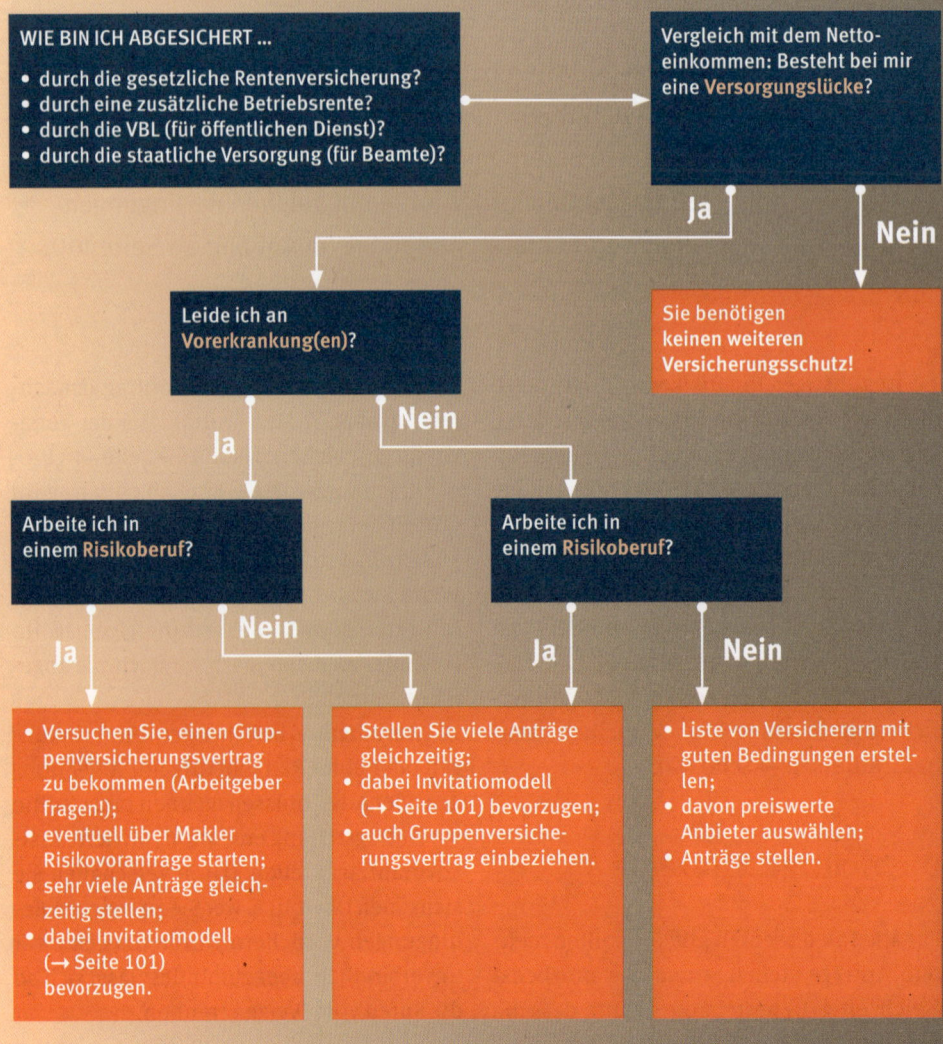

WIE BIN ICH ABGESICHERT ...

- durch die gesetzliche Rentenversicherung?
- durch eine zusätzliche Betriebsrente?
- durch die VBL (für öffentlichen Dienst)?
- durch die staatliche Versorgung (für Beamte)?

Vergleich mit dem Netto-einkommen: Besteht bei mir eine **Versorgungslücke**?

Ja

Nein

Sie benötigen keinen weiteren Versicherungsschutz!

Leide ich an **Vorerkrankung(en)**?

Ja

Nein

Arbeite ich in einem **Risikoberuf**?

Arbeite ich in einem **Risikoberuf**?

Ja

Nein

Ja

Nein

- Versuchen Sie, einen Gruppenversicherungsvertrag zu bekommen (Arbeitgeber fragen!);
- eventuell über Makler Risikovoranfrage starten;
- sehr viele Anträge gleichzeitig stellen;
- dabei Invitatiomodell (→ Seite 101) bevorzugen.

- Stellen Sie viele Anträge gleichzeitig;
- dabei Invitatiomodell (→ Seite 101) bevorzugen;
- auch Gruppenversicherungsvertrag einbeziehen.

- Liste von Versicherern mit guten Bedingungen erstellen;
- davon preiswerte Anbieter auswählen;
- Anträge stellen.

Eine Risikovoranfrage unter Nutzung einer neutralen Postadresse oder einer anonymisierten Mail-Adresse ist recht aufwendig. Alternativ können Sie einen Makler oder Versicherungsberater (kostenpflichtig!) einschalten, der für Sie anonyme Angebote einholt. Bei den Anbietern, die die besten Angebote machen, können Sie dann gezielt Anträge einreichen.

Allerdings lassen sich längst nicht alle Versicherer auf dieses Verfahren ein, und Makler haben nicht mit allen Anbietern Geschäftsbeziehungen, insbesondere nicht mit preiswerten Direktversicherern. Ehe Sie also einen Makler beauftragen, sollten Sie ihn klar fragen, welche Versicherer in seinem Pool sind.

Anonyme Risikovoranfrage

Axel Kleinlein vom Bund der Versicherten: „Die anonyme Risikovoranfrage ist eine gute Möglichkeit, um – ohne Speicherung meiner Daten bei den Versicherern – in Erfahrung zu bringen, ob und zu welchen Bedingungen ich überhaupt eine Berufsunfähigkeitsversicherung bekommen würde. Wenn das ein Makler für Sie macht, laufen Sie natürlich Gefahr, dass die preiswerten Anbieter unter den Tisch fallen. Ein unabhängiger Versicherungsberater kostet hingegen Geld. Und Sie sollten sicherstellen, dass er wirklich ein Experte in Sachen Berufsunfähigkeit ist."

Antragsverfahren oder Invitatioverfahren?

Wer mehrere Anträge stellt, muss damit rechnen, dass ihm mehrere Policen zugeschickt werden. Das heißt, es sind dann mehrere Verträge zustande gekommen. Die Verträge, die Sie nicht haben wollen, müssen Sie innerhalb von 30 Tagen widerrufen. Das erfordert einen guten Überblick und Disziplin. Wer den Termin versäumt, hat einen rechtskräftigen Vertrag und bekommt Ärger, wenn er verspätet doch noch aussteigen will (→ Seite 112).

Eine interessante Alternative zu dem vom Gesetzgeber im Versicherungsvertragsgesetz VVG) vorgesehenen Antragsverfahren ist das Invitatioverfahren. Hier stellen Sie ebenfalls, wie beim Antragsverfahren, einen Versicherungsantrag und beantworten die Gesundheitsfragen. Sie bekommen jedoch vom Versicherer nicht die Police, sondern ein verbindliches Angebot zusammen mit allen gesetzlich geforderten Informationen. Wenn Sie das Angebot unterschreiben und zurückschicken, ist der Vertrag zustande gekommen. Wenn Sie nicht reagieren, ist der Fall für Sie erledigt.

Der Vorteil für Interessenten, die gleich

bei mehreren Gesellschaften Anträge stellen, liegt auf der Hand. Sie müssen nur bei ihrem Favoriten den verbindlichen Vertrag unterschreiben und nicht alle „überzähligen" Verträge widerrufen. Falls Sie das Invitatioverfahren anwenden wollen, sollten Sie bereits beim Bestellen der Unterlagen den Versicherer darauf hinweisen. Allerdings bieten nicht alle Versicherer das Invitatioverfahren an. Zudem räumen sie unterschiedlich lange Fristen ein, in denen Sie das Angebot annehmen können.

Hinweis: Falls die Versicherer unterschiedlich lange prüfen und Sie noch auf ein gutes verbindliches Angebot warten, könnten Sie auch beim Invitatioverfahren einen Vertrag annehmen und notfalls innerhalb von 30 Tagen widerrufen, falls Sie ein noch besseres Angebot bekommen.

Knackpunkt Gesundheitsfragen

Die korrekte und vollständige Beantwortung der Gesundheitsfragen im Antragsformular ist von zentraler Bedeutung. Davon hängt ab, ob und zu welchem Preis Sie einen Vertrag bekommen. Und ob im Fall der Berufsunfähigkeit die Rente gezahlt wird. Wenn Sie schummeln, kann die Versicherung unter Umständen die Rente verweigern, auch wenn Sie zweifelsfrei berufsunfähig sind. Sie kann

§ URTEIL

Rente verweigert

Ein berufsunfähiger Maurer bekommt – so entschied das Oberlandesgericht Koblenz (Az. 10 U 1649/02) – keine Rente. Er hatte bei Vertragsabschluss im Alter von 16 Jahren die Frage nach bestehenden Gesundheitsstörungen in den fünf zurückliegenden Jahren verneint. Tatsächlich hatte er wegen einer Blockade in der Lendenwirbelsäule aber eine Krankengymnastik absolviert. Dies wurde als Verschweigen eines „gefahrerheblichen Umstands" gewertet, und die Versicherung konnte vom Vertrag zurücktreten.

eine vorvertragliche Anzeigepflichtverletzung geltend machen oder den Vertrag gar wegen arglistiger Täuschung komplett anfechten.

Seien Sie deshalb unbedingt ehrlich beim Ausfüllen des Antrags. Es nutzt nichts, wenn Sie sich durch falsche Angaben einen Vertrag sichern, jahrelang Beiträge zahlen und im Leistungsfall dann doch mit leeren Händen dastehen. Wer bei den Gesundheitsfragen flunkert, riskiert seinen Versicherungsschutz.

Wichtig für die korrekte Beantwortung sind eindeutige und faire Gesundheitsfragen. Die erkennen Sie an folgenden Kriterien:

→ Die Fragen nach Arztbesuchen und Erkrankungen sind beschränkt auf die vergangenen fünf Jahre, nach stationären Aufenthalten auf die letzten zehn Jahre.

→ Es werden nur objektive Tatbestände (Krankheiten, Unfälle) abgefragt, die ärztliche Behandlungen zur Folge hatten.

→ Es wird nicht nach unbehandelten Krankheiten oder Beeinträchtigungen gefragt.

→ Es wird nicht nach geplanten oder angeratenen Operationen gefragt.

→ Es wird deutlich auf die Folgen einer Verletzung der vorvertraglichen Anzeigepflicht hingewiesen.

→ **TIPP Aussortieren!**
Wenn das Antragsformular unübersichtlich gestaltet ist, nicht genügend Platz für Antworten lässt oder die Fragen unpräzise formuliert sind, dann sollten Sie ein solches Angebot sofort aussortieren. Das gilt auch, wenn der abgefragte Zeitraum länger als fünf Jahre (bei ambulanten Behandlungen) beziehungsweise länger als zehn Jahre (bei stationären Aufenthalten) sein sollte.

 BEISPIEL

Insektenstich mit Folgen

Welche fatalen Folgen ein abgelehnter Antrag haben kann, musste ein Angestellter aus Brandenburg erfahren. Er versuchte es zunächst bei einer preiswerten Direktversicherung. Doch preiswert bedeutete in seinem Fall auch: besonders penibel. Die Gesundheitsfragen bezogen sich auf die letzten zehn Jahre. Ehrlich gab der Interessent einen Kapselschaden am Knöchel und einen fast zehn Jahre zurückliegenden Insektenstich an, der damals eine allergische Reaktion verursacht hatte. Mit der Folge: Ablehnung wegen Insektenstichallergie. Die war aber niemals ärztlich festgestellt worden.
Doch es kam noch schlimmer: Auch weitere Versuche, eine Versicherung zu bekommen, scheiterten – selbst bei Anbietern, die Gesundheitsfragen auf die letzten drei oder fünf Jahre beschränken. Dort war die angebliche Insektenstichallergie über die Zentraldatei der Versicherungswirtschaft längst bekannt.

Mit Ihrer Unterschrift unter den Versicherungsantrag ermächtigen Sie den Versicherer, sich mit Ihren behandelnden Ärzten in Verbindung zu setzen und Daten an den Gesamtverband der Versicherungswirtschaft weiterzuleiten. Alle abgelehnten oder nur mit Risikozuschlag oder Versicherungsausschlüssen angenommenen Anträge werden

dort in einem zentralen Hinweis- und Informationssystem (HIS) gespeichert (→ Seite 44). Wenn Sie schon einmal abgelehnt wurden, ist dies der Versicherungswirtschaft bekannt. Es ist also sinnlos, eine frühere Ablehnung oder schwerwiegende Vorerkrankungen zu verschweigen. Tun Sie es dennoch, liefern Sie dem Versicherer unnötig eine Chance, den Vertrag später wegen falscher Angaben anzufechten und keine Rente zu zahlen.

→ **TIPP Sicherheit durch Zusatzerklärung**
Es empfiehlt sich, dem Versicherungs-antrag folgende Erklärung hinzuzufügen: „Alle Fragen wurden mit den Kenntnissen eines medizinischen Laien nach bestem Wissen vollständig beantwortet. In Zweifelsfällen beziehungsweise bei Unklarheiten steht Ihnen der im Antrag genannte Arzt zur Verfügung." Akzeptiert der Versicherer dies, so wird es ihm in einem späteren Rechtsstreit schwerfallen, Ihnen eine vorvertragliche Anzeigepflichtverletzung nachzuweisen. Doch nicht alle Versicherer akzeptieren diesen Zusatz zum Versicherungsantrag.

Zwei Verträge?

Versicherungs- und Rentenberater Frank Begas sagt, dass es im Einzelfall durchaus sinnvoll sein könne, eine sehr hohe Rente auf zwei Verträge aufzuteilen. Die Gesundheitsprüfung falle in diesem Fall möglicherweise nicht ganz so intensiv aus. „Allerdings muss sich der Versicherte darüber im Klaren sein, dass dies zu höheren Vertragskosten führt und auch im Falle einer späteren streitigen Auseinandersetzung mit höheren Kosten verbunden ist. Man muss davon ausgehen, dass auch kleine und mittlere Renten nicht so einfach ‚durchgewinkt‘ werden, wenn die Leistungspflicht nicht zweifelsfrei feststeht."

Gut wäre es, wenn Sie Ihre Ärzte über den Versicherungsantrag informieren und die Gesundheitsfragen erst nach Rücksprache ausfüllen. Bitten Sie die Ärzte bei möglichen Rückfragen der Versicherer, die Auskünfte streng auf den im Antrag gefragten Zeitraum zu begrenzen (in der Regel fünf Jahre) und nicht etwa eine Kopie des Behandlungsblattes herauszugeben. Dort sind womöglich Verdachtsdiagnosen dokumentiert, die sich nicht erhärtet haben, und Krankheiten, die inzwischen auskuriert sind. Diese Informationen könnten die Versicherung veranlassen, den Vertrag einzuschränken oder abzulehnen.

Wenn Sie den Antrag gemeinsam mit einem Vertreter oder Vermittler ausfüllen, gelten dieselben Anforderungen an Vollständigkeit und Korrektheit bei der Beantwortung der Gesundheitsfragen. Das Problem: Manche Vermittler neigen dazu, Vorerkrankungen zu verharmlosen, um den Vertragsabschluss und die damit verbundene Provision nicht zu gefährden. Der Vermittler behauptet dann etwa, der vor drei Jahren erlittene Bandscheibenvorfall müsse nicht angegeben werden, weil „die Sache ja praktisch ausgeheilt ist und keine akuten Beschwerden da sind". Darauf dürfen Sie sich in keinem Fall einlassen. Bestehen Sie darauf, dass Ihre Angaben im Antrag festgehalten werden. Sonst verlieren Sie unter Umständen später Ihren Versicherungsschutz.

→ TIPP Antrag am besten selbst ausfüllen

Füllen Sie den Antrag auf eine Berufsunfähigkeitsversicherung möglichst selbst aus. Sie unterschreiben schließlich das Formular und bestätigen damit die Richtigkeit der Angaben. Kommt der Vertrag unter Mitwirkung eines Vertreters oder Vermittlers zustande, können Sie einen neutralen Zeugen dazubitten.

Noch ein Hinweis: Bewahren Sie alle Unterlagen auf, die Ihnen der Versicherer zugesandt hat. Bei eventuellen späteren Streitfällen benötigen Sie dieses Material unter Umständen zur Beweisführung.

Vermittler müssen aufklären

Bei vielen Versicherern können Sie eine Berufsunfähigkeitsversicherung nicht ohne einen Vertreter abschließen. Möglicherweise bedienen Sie sich auch eines Maklers, der für Sie anonymisierte Voranfragen stellt, um das Feld zu sondieren.

Schutz gegen falsche Beratung soll unter anderem durch das Versicherungsvertragsgesetz (VVG) und die Informationspflichtenverordnung (VVG-InfoV) gewährleistet werden. Jeder Vertreter oder Makler muss Ihnen vor Abschluss einer Versicherung ein Produktinformationsblatt aushändigen und Sie umfassend beraten und aufklären. Er muss Ihnen zum vorgeschlagenen Schutz Alternativen aufzeigen und Sie über die Vor- und Nachteile informieren. Und der Vermittler muss ein Beratungsprotokoll anfertigen und unterschreiben. Zwar dürfen Sie auf eigenen Wunsch auf dieses Protokoll und die eingehende Beratung verzichten, doch das sollten Sie auf keinen Fall tun.

 ACHTUNG

Vertreterbesuch bei Risikokunden

Ein Diabetiker schrieb sämtliche in *Finanztest* mit „sehr gut" bewerteten Versicherer an und bat um ein Angebot. Erwartungsgemäß lehnten die meisten Anbieter ab oder forderten zunächst intensive Untersuchungen. Dafür bekam er den ungebetenen Besuch eines Vertreters. Auch der hatte zwar die Ablehnung der Berufsunfähigkeitszusatzversicherung dabei, präsentierte aber gleich als Alternative eine Unfall- und eine Rentenversicherung. Die Formulare waren bereits ausgefüllt.

Keinesfalls unterschreiben!

Es ist zwar besser, wenn das Beratungsprotokoll vom Vermittler unterschrieben wird, doch es ist notfalls auch ohne Unterschrift beweiskräftig. Andererseits gilt: Unterschreiben Sie als Kunde niemals das Beratungsprotokoll, auch wenn Sie vom Vermittler dazu aufgefordert werden. Das Protokoll enthält möglicherweise Inhalte, deren Bedeutung oder Konsequenzen Sie in diesem Moment nicht überblicken können. Ihre Unterschrift könnte in einer späteren Auseinandersetzung als Zustimmung gedeutet werden.

Das Beratungsprotokoll ist ein wichtiges Instrument, falls Sie den Vermittler später

→

GESETZLICHE GRUNDLAGEN

Bei Abweichung sofort widersprechen

Leider weichen die Daten in der Police häufig von denen im Versicherungsantrag ab – mit möglicherweise schlimmen Folgen für den Kunden. Denn prüft er die Police nicht genau und legt keinen Widerspruch ein, gilt laut § 5 (1) VVG der neue Vertragsinhalt, wenn die Abweichungen gesondert hervorgehoben waren. Hat der Versicherer dies nicht getan, gelten die ursprünglichen Inhalte des Versicherungsantrags als vereinbart.

§ 5 VVG – Abweichender Versicherungsschein – hat folgenden Wortlaut:

„(1) Weicht der Inhalt des Versicherungsscheins von dem Antrag oder den getroffenen Vereinbarungen ab, so gilt die Abweichung als genehmigt, wenn die Voraussetzungen des Absatzes 2 erfüllt sind und der Versicherungsnehmer nicht innerhalb eines Monats nach Zugang des Versicherungsscheins in Textform widerspricht.

(2) Der Versicherer hat den Versicherungsnehmer bei Übermittlung des Versicherungsscheins darauf hinzuweisen, dass Abweichungen als genehmigt gelten, wenn der Versicherungsnehmer nicht innerhalb eines Monats nach Zu- →

gang des Versicherungsscheins in Textform widerspricht. Auf jede Abweichung und die hiermit verbundenen Rechtsfolgen ist der Versicherungsnehmer durch einen auffälligen Hinweis im Versicherungsschein aufmerksam zu machen.

(3) Hat der Versicherer die Verpflichtungen nach Absatz 2 nicht erfüllt, gilt der Vertrag als mit dem Inhalt des Antrags des Versicherungsnehmers geschlossen.

(4) (...)"

wegen Falschberatung in die Haftung nehmen wollen. Sollte sich zum Beispiel herausstellen, dass Sie nur eine Absicherung gegen Berufsunfähigkeit wollten, dann aber zusätzlich eine teure Altersversorgung abgeschlossen haben und deshalb der Berufsunfähigkeitsschutz zu niedrig ausfiel, könnten Sie Schadenersatz geltend machen.

Für jede Produktvariante muss der Vermittler Ihnen zudem mitteilen, welche Vertriebs- und Abschlusskosten anfallen – in Euro und Cent. Außerdem, mit welchen laufenden Kosten der Vertrag künftig belastet wird. Damit kaufen Sie nicht mehr die „Katze im Sack" und wissen, was Vermittler und Versicherer an Ihnen verdienen. Was Ihr Vermittler exakt an Provision erhält, können Sie der ausgewiesenen Summe jedoch nicht entnehmen, da dort auch die allgemeinen

URTEIL

BGH stützt Kundenrechte

Dass Kunden nicht alles ausbaden müssen, was trickreiche Vertreter ihnen eingebrockt haben, entschied der Bundesgerichtshof (BGH, Az. IV ZR 161/03). Nachdem ein Kunde berufsunfähig geworden war, focht seine Versicherung den Vertrag an. Im Antrag seien wichtige Fragen zu Vorerkrankungen falsch beantwortet worden. Damit hatte die Versicherung zwar Recht, aber keinen Erfolg vor Gericht. Denn der Vertreter hatte den Vertrag ganz allein ausgefüllt und dem Kunden lediglich zur Unterschrift vorgelegt.

Der BGH entschied: Hat der Vertreter den Antrag ausgefüllt, so ist eine falsche Angabe darin noch kein Beweis für eine arglistige Täuschung, wenn der Kunde begründet behauptet, dass er mit den einzelnen Fragen gar nicht konfrontiert wurde oder den Vertreter mündlich zutreffend informiert hat. Ein kundenfreundliches Urteil. Doch sollte dies nicht zur Leichtfertigkeit verleiten.

Unser Tipp: Lassen Sie den Vertreter keinesfalls den Vertrag allein ausfüllen. Prüfen Sie alle Angaben auf ihre Richtigkeit.

Vertriebskosten des Versicherers enthalten sind. Er bekommt also weniger als die in dem Produktinformationsblatt ausgewiesene Summe.

Nach Vertragsschluss: Police genau prüfen!

Wenn Sie den Vertrag erhalten, sollten Sie alle Eintragungen sorgfältig mit Ihrem Versicherungsantrag abgleichen. Durch Übertragungspannen können sich Fehler einschleichen. Außerdem kann es vorkommen, dass sich bestimmte Details, wie zum Beispiel die Rentenhöhe oder Versicherungs- und Leistungszeiten, nach den Annahmerichtlinien des Versicherers nicht wie beantragt versichern lassen.

Es ist aber auch schon vorgekommen, dass Vermittler eigenmächtig Zahlen geändert haben, um den Abschluss nicht zu gefährden. Gerade bei der Berufsunfähigkeitsversicherung kann dies zu einem bösen Erwachen führen, etwa wenn der Kunde sich wundert, dass er mit 61 Jahren nicht mehr versichert ist. Erklärung: Der Vermittler hatte die Versicherungszeit einfach von 65 auf 60 Jahre abgeändert.

Ein beliebter, ganz legaler Trick ist es, die Daten auf dem Antrag abzuändern und mit dem Hinweis „gemäß § 5 Versicherungsvertragsgesetz (VVG)" zu versehen. Dann wird zwar auf der Police die geänderte Stelle besonders markiert – zum Beispiel mit Sternchen versehen oder unterstrichen –, doch viele Kunden merken nicht, dass Zahlen geändert wurden. Sie denken vielmehr, es handele sich bei den hervorgehobenen Stellen um besonders wichtige Vereinbarungen, und erkennen nicht, dass hier wichtige Punkte zu ihrem Nachteil verändert wurden.

Prüfen Sie deshalb unbedingt, ob die Daten in der Police mit den Daten in Ihrem Antrag übereinstimmen. Gibt es Abweichungen, müssen Sie innerhalb eines Monats schriftlich widersprechen. Wenn Sie keine Durchschrift des Versicherungsantrags vorliegen haben, können Sie gemäß § 3 VVG eine Kopie nachfordern, in aller Ruhe Antragsinhalt und Police vergleichen und dann gegebenenfalls Widerspruch einlegen.

Wie können Sie nach Vertragsschluss schnell wieder aussteigen?

Angenommen, Sie haben eine Berufsunfähigkeitsversicherung abgeschlossen und bemerken nach kurzer Zeit, dass Sie sich doch falsch versichert haben. Beispielsweise haben Sie sich ein teures Paket aus privater Rentenversicherung und Berufsunfähigkeitszusatzversicherung aufschwatzen lassen und können sich das eigentlich gar nicht leisten.

Kein Problem: Innerhalb von 30 Tagen nach Erhalt des Versicherungsscheins kön-nen Sie den Vertrag ohne Angabe von Gründen widerrufen. Es reicht, dass Sie rechtzeitig diesen Widerruf abschicken. Sie sollten dies allerdings beweisen können: Machen Sie also eine Kopie von Ihrem Schreiben, tüten Sie das handschriftlich unterschriebene Original im Beisein eines Zeugen ein und schicken es per Einschreiben mit Rückschein an den Versicherer.

Solange die 30-tägige Widerrufsfrist läuft, müssen Sie keine Beiträge zahlen. Nach Ablauf der Frist sind Sie vertraglich meist für ein Jahr gebunden und können eine ordentliche Kündigung erst wieder mit einer Frist von drei Monaten zum Ende der Versicherungsperiode aussprechen.

Doch es gibt noch ein Hintertürchen: Bis zu sechs Wochen nach Abbuchung des Beitrags können Sie den Erstbeitrag ohne Begründung zurückbuchen lassen und damit vermutlich den Vertrag zum Erlöschen bringen. Der Versicherer könnte zwar per Mahnverfahren die Prämien für den rechtswirksam geschlossenen Vertrag eintreiben. Doch aller Erfahrung nach wird er dies nicht tun.

Der Weg zum Abschluss – ein Leitfaden

1. Ermitteln Sie Ihren Bedarf
Die meisten Versicherer begrenzen die versicherbare Rente auf maximal zwei Drittel

bis drei Viertel Ihres Nettoeinkommens. Wie viel Sie mindestens brauchen, hängt von Ihren finanziellen Bedürfnissen und Verpflichtungen ab.

Als Arbeitnehmer bekommen Sie im Fall einer Berufsunfähigkeit möglicherweise eine gesetzliche Erwerbsminderungsrente. Die Höhe Ihres Anspruchs entnehmen Sie der Renteninformation, die Sie jährlich von der gesetzlichen Rentenversicherung erhalten. Klären Sie außerdem, was Ihr Arbeitgeber im Fall einer Berufsunfähigkeit oder Erwerbsminderung zahlt. Was bekommen Sie aus einer Betriebsrente? Was zahlt die VBL?

 FINANZEN

Bedarfsermittlung

Als grobe Faustregel für Ihren Bedarf gilt:
   Ihr heutiges Nettoeinkommen
– Anspruch aus Erwerbsminderungs-
   rente
– Ansprüche aus Betriebsrente/VBL

= zu versichernde monatliche Berufsunfähigkeitsrente

2. Ihre Voraussetzungen

Entscheidend sind Ihr Alter, Ihr Beruf und Ihre Vorerkrankungen. Aus den beiden Tabellen auf Seite 94 können Sie nun überschlägig ermitteln, wie viel eine Berufsunfähig-

keitsversicherung Sie kosten wird. Kalkulieren Sie mit höheren Prämien, wenn Sie Vorerkrankungen haben.

3. Was können Sie langfristig zahlen?

Prüfen Sie, wie viel Sie für den Berufsunfähigkeitsschutz erübrigen können. Und das langfristig. Oft wird dieser Betrag nicht ausreichen, um eine hinlänglich hohe Rente abzusichern. Erschließen Sie zusätzliche finanzielle Spielräume, indem Sie bereits bestehende Versicherungsverträge auf den Prüfstand stellen. Lassen Sie sich bei einer Verbraucherzentrale (Adressen → Seite 174) beraten, auf welche Verträge Sie möglicherweise verzichten könnten und wo Sie durch einen Tarif- oder Anbieterwechsel sparen können.

4. Kreis der guten Versicherer auswählen

Preiswerte Versicherer mit guten Versicherungsbedingungen finden Sie im Anhang ab Seite 176. Haben Sie weder Vorerkrankungen noch einen risikoträchtigen Beruf, können Sie sich auf die preiswertesten Versicherer konzentrieren. Bei Vorerkrankungen (→ Seite 53) oder einem Risikoberuf (→ Seite 67) müssen Sie vermutlich auch teurere Anbieter und Tarife mit schlechteren Bedingungen einbeziehen.

Je nach Schwere der Vorerkrankung sollten Sie sich erkundigen, ob Sie über Ihren Arbeitgeber einen Gruppenvertrag mit redu-

zierten Gesundheitsfragen abschließen können (→ Seite 76).

5. Behandlungsblätter kopieren

Wenn Sie den Versicherungsschutz beantragen, müssen Sie detailliert über Ihren Gesundheitszustand und eventuelle Vorerkrankungen Auskunft geben. Bevor Sie die Fragen beantworten, lassen Sie sich Kopien der Behandlungsblätter Ihrer Ärzte anfertigen. Dann wissen Sie, welche ärztlichen Behandlungen dokumentiert wurden und angegeben werden müssen. Keinesfalls sollten Sie die Behandlungsblätter dem Antrag beifügen. Ärzte müssen Ihnen nach § 10 ihrer Berufsordnung Einblick gewähren und auf Ihren Wunsch Kopien anfertigen, können hierfür aber Kopierkosten verlangen.

6. Anträge stellen

Sie sollten mehrere Anträge gleichzeitig stellen. Je ungünstiger Ihre Ausgangslage (Risikoberuf, Vorerkrankungen), desto mehr Anträge sollten Sie abschicken. Eventuell sollten „Problemkunden" eine anonymisierte Risikovoranfrage stellen. Die Adressen von

Berufsunfähigkeitsversicherern finden Sie im Anhang ab Seite 176. Sie können sich dabei auch eines Maklers oder eines unabhängigen Versicherungsberaters bedienen.

Bei der Ausgestaltung Ihres Vertrags entscheiden Sie sich für:

→ einen selbstständigen BU-Tarif beziehungsweise die Kombination mit einer Risikolebensversicherung,
→ die sofortige Beitragsverrechnung,
→ Pauschal- statt Staffelregelung,
→ einen Tarif mit Nachversicherungsgarantie,
→ keine Karenzzeit,
→ eine möglichst lange Versicherungs- und Leistungszeit.

Achten Sie als Beamter darauf, dass die Dienstunfähigkeitsklausel enthalten ist. Piloten und Flugbegleiter sowie Ballonfahrer benötigen die Luftfahrtklausel (→ Seite 90).

7. Auf Beratungsprotokoll bestehen

Falls Sie einen Vertreter oder Makler einschalten, sollten Sie keinesfalls auf die Erstellung eines Beratungsprotokolls verzichten. Lassen Sie den Vermittler den Antrag nicht allein ausfüllen und lassen Sie sich keinesfalls dazu verleiten, Ihren Gesundheitszustand schönzureden. Von Vorteil ist es zudem, wenn eine Person Ihres Vertrauens als Zeuge anwesend ist.

 BEISPIEL

Langer Atem belohnt

Wie viel Mühe es kosten kann, den richtigen Schutz zu finden, davon weiß Michael S. ein Lied zu singen: Obwohl jung und kerngesund, musste er immerhin 17 Angebote einholen, um zum Ziel zu kommen. Das Hauptproblem war sein Beruf. Als Chemiker hantiert der 30-Jährige gelegentlich auch mit Gefahrstoffen. Folglich wurden ihm oft nur Versicherungszeiten bis zum 55. Lebensjahr angeboten. Außerdem sollte er Risikozuschläge von bis zu 100 Prozent zahlen. Der negative Höhepunkt: Weil sich Michael S. mit gelegentlichen Bergtouren fit hält, sollte er bei einer bekannten Versicherung einen Beitragszuschlag von satten 230 Prozent hinnehmen. Nur ein Unternehmen machte ein befriedigendes Angebot.

8. Angebot auswählen

Prüfen Sie die eingehenden Angebote und Versicherungsscheine penibel: Sind Ihre Vorgaben eingehalten worden? Sind Zuschläge oder Versicherungsausschlüsse vorgesehen? Ist der Tarif (genaue Bezeichnung prüfen!) genau der, den Sie haben wollten? Bei Abweichungen von Ihrem Versicherungsantrag können Sie innerhalb eines Monats Widerspruch einlegen.

Wenn Sie parallel mehrere Anträge gestellt haben, werden Ihnen vermutlich mehrere Verträge zugeschickt. Verträge, die Sie nicht haben möchten, müssen Sie innerhalb von 30 Tagen widerrufen.

Ausnahme: Wendet eine Versicherung das Invitatiomodell (→ Seite 101) an, müssen Sie das Angebot noch einmal schriftlich bestätigen. Wollen Sie es nicht annehmen, müssen Sie in diesem Fall nichts tun.

9. Rechtsschutz prüfen

Angesichts der zahlreichen Streitigkeiten um die Anerkennung von Berufsunfähigkeitsrenten sollten Sie den Abschluss einer Rechtsschutzversicherung in Erwägung ziehen.

Wichtig ist in diesem Fall, die Rechtsschutzversicherung zeitlich vor der Berufsunfähigkeitsversicherung abzuschließen – sonst tritt sie im Streitfall eventuell nicht ein. Risiken, die bereits vor dem Abschluss des Rechtsschutzvertrags existierten, sind häufig nicht abgesichert. Schließen Sie die Rechtsschutzversicherung möglichst nicht bei demselben Versicherer ab, bei dem Sie die Berufsunfähigkeitspolice unterschreiben wollen.

10. Strategien der Prämiensenkung

Eine Preisreduktion bringt die jährliche Zahlungsweise. Verglichen mit der monatlichen Zahlung sinkt damit die Jahresprämie um rund 5 Prozent.

Ein Berufsunfähigkeitsschutz über eine betriebliche Altersversorgung ist oft billiger als über einen privaten Versicherungsvertrag. Es handelt sich meist um kostengünstige Gruppentarife, die obendrein – soweit sie durch Entgeltumwandlung bezahlt werden – steuerbegünstigt sind. Allerdings sind hier die Modelle in der Regel sehr starr. Individuelle Gestaltungswünsche werden nicht berücksichtigt. Auch können Sie die Versicherungsgesellschaft in der Regel nicht auswählen.

Die größte Reduzierung der Prämie lässt sich durch eine Beschränkung der Versicherungs- und Leistungszeit auf das Endalter 60 Jahre erreichen. Dies ist allerdings riskant, da im Ernstfall mit dem 60. Lebensjahr die Rentenzahlung endet.

Etwas weniger Risiko bringt die Begrenzung der Versicherungszeit auf das 60. Lebensjahr (bei einer Leistungszeit bis zum 65./67. Geburtstag) – allerdings auch deutlich weniger Einsparung.

Junge Interessenten können mit Einsteigertarifen zunächst bis zu 75 Prozent sparen. Nach spätestens 10 oder 15 Jahren wird es jedoch teurer. Eine Übersicht über solche Tarife finden Sie auf Seite 74.

Ihr gutes Recht – wie Sie die Rente durchsetzen

Recht haben und Recht bekommen ist zweierlei. Das gilt auch für die Berufsunfähigkeitsrente. Dabei lauern bereits im Versicherungsantrag Klippen. Und wenn Sie tatsächlich krank werden sollten, gilt es erst recht, sich klug zu verhalten. Und im Zweifel einen Experten zurate zu ziehen.

Mehr Rechte durch das Versicherungsvertragsgesetz (VVG)

Das seit 2008 geltende neue VVG bringt für Berufsunfähigkeitsversicherte wichtige Verbesserungen: Bei den Gesundheitsfragen müssen Sie nur noch das beantworten, was die Versicherung ausdrücklich schriftlich abfragt. Das schafft bei einem späteren Rechtsstreit mehr Sicherheit. Ein Rücktrittsrecht hat der Versicherer nur noch bei vorsätzlich oder grob fahrlässig falschen Angaben. Hat die verschwiegene Tatsache jedoch nichts mit dem Grund für die Berufsunfähigkeit zu tun, muss der Versicherer dennoch zahlen

(Ausnahme: Arglist). Wollen Sie Ihre Versicherung verklagen, können Sie sich hierfür nun mindestens drei Jahre Zeit lassen.

Was tun im Leistungsfall?

Wenn Sie absehbar länger als sechs Monate erkrankt sind oder einen schweren Unfall erleiden, sollten Sie dies unverzüglich Ihrer Versicherung melden. Damit steht das Datum fest, ab dem Leistungen fällig sind, falls Krankheit oder Unfall tatsächlich zu einer Berufsunfähigkeit führen. Die Meldung kann formlos per Post, Fax, E-Mail oder Telefon erfolgen. Auch Freunde oder Angehörige können das für Sie erledigen.

Sie erhalten dann eine Liste mit Unterlagen, die auszufüllen und der Versicherung einzureichen sind. Wenn Sie etwas nicht verstehen, fragen Sie bei Ihrem Versicherer nach. Füllen Sie nichts aus und schicken Sie nichts ab, was Sie nicht verstanden haben. Hüten Sie sich vor einer generellen Entbindung aller Ihrer Ärzte von der Schweigepflicht. Besser ist es, wenn Sie in jedem Einzelfall den behandelnden Arzt entbinden. Oder noch besser: Sie besorgen selbst die Antwort des jeweiligen Arztes und leiten die Unterlagen an den Versicherer weiter. Dann behalten Sie die Kontrolle über die Daten, die vom Arzt an den Versicherer fließen.

Wenn Sie mit den Unterlagen nicht klarkommen, lassen Sie sich von einer Verbraucherzentrale (Adressen → Seite 174) beraten, oder suchen Sie einen Versicherungsberater auf. Der kann unter Umständen bereits im Vorfeld helfen, wenn es um die richtige Unterfütterung des Antrags durch ärztliche Untersuchungen geht.

→ **TIPP** Da die meisten Berufsunfähigen im Fall einer schweren Krankheit erfahrungsgemäß große Schwierigkeiten haben, eine Tätigkeitsbeschreibung korrekt zu erstellen, ist es hilfreich, wenn Sie eine solche Aufstellung schon in gesunden Tagen machen. Sie müssen die Beschreibung natürlich gelegentlich auf den neuesten Stand bringen.

 URTEIL

Wer zu lange wartet, verliert viel Geld

Ein Versicherter erkrankte schwer und beantragte bei der Rentenkasse die volle Erwerbsminderungsrente. Erfolgreich, doch dauerte das Verfahren über ein Jahr. Erst dann beantragte er auch die private Berufsunfähigkeitsrente. Der Versicherer zahlte zwar auch, aber erst ab dem Moment der Meldung. Eine rückwirkende Zahlung lehnte er wegen verspäteter Meldung ab. Zu Recht, urteilte das OLG Karlsruhe (Az. 12 U 79/09). Es bestehe die Pflicht, den Versicherungsfall so schnell wie möglich zu melden, und es gebe keinen Grund, warum die Ansprüche an gesetzliche Rente und private Berufsunfähigkeitsrente nicht gleichzeitig gestellt worden seien.

Damit die Beeinträchtigung Ihrer Leistungsfähigkeit prozentual bemessen werden kann, müssen Sie eine detaillierte Tätigkeitsbeschreibung Ihres Jobs liefern. Möglichst mit genauen Zeitangaben, wie lange Sie üblicherweise welche Tätigkeiten ausführen.

Hören Sie nach Einreichen der Unterlagen zwei Wochen lang nichts von Ihrer Versicherung, dann sollten Sie telefonisch nachfragen, ob noch etwas fehlt.

Was droht, wenn Sie den Rentenantrag einreichen?

Wenn Sie bei Ihrem Versicherer Leistungen wegen Berufsunfähigkeit geltend machen, können Sie sicher sein: Er wird genau prüfen, und es wird Wochen, vermutlich sogar Monate dauern, bis die endgültige Entscheidung fällt. Deshalb ist es wichtig, dass Sie eine Versicherung wählen, die auf Antrag zinslos die Beitragszahlungen bis zur endgültigen Entscheidung stundet.

Falls der medizinische Befund eindeutig sein sollte, prüft die Versicherung den kritischen Punkt „vorvertragliche Anzeigepflichtverletzung". Mit anderen Worten: Haben Sie bei Vertragsschluss eine bestehende Vorerkrankung nicht benannt, einen Arztbesuch oder einen stationären Aufenthalt nicht angegeben, ein gefährliches Hobby verheimlicht oder Ihr Einkommen beschönigt? Sollte dies zutreffen, müssen Sie mit einem harten Kampf um die Rente rechnen.

Rücktritt, Kündigung oder Anfechtung

Es kommt bei der Prüfung einer vorvertraglichen Anzeigepflichtverletzung darauf an, ob der Versicherer genau nach diesen „Gefahrumständen" gefragt hat und ob Sie die Falschangabe vorsätzlich oder grob fahrlässig gemacht haben. Trifft dies zu, kann der

 URTEILE

Arglistige Täuschung

Liegt eine arglistige Täuschung vor, kann ein Versicherer noch bis zu zehn Jahre nach Antragstellung den Vertrag anfechten und muss nicht zahlen. Allerdings hat er – sobald er von der Täuschung Kenntnis hat – dazu nur ein Jahr Zeit. In den folgenden Fällen haben Gerichte entschieden, dass die Kunden etwas bewusst verschwiegen haben, um sich so den Versicherungsschutz „arglistig" zu erschleichen.

• Das Verschweigen der zehn Jahre zurückliegenden operativen Entfernung eines bösartigen Melanoms mit nachfolgender Chemotherapie ist arglistig, auch wenn nach ärztlicher Mitteilung endgültige Heilung erfolgt ist (OLG Koblenz, Az. 10 U 1100/96).

• Das Verschweigen einer Atemwegserkrankung, derentwegen in der Vergangenheit der Beruf des Elektrikers aufgegeben worden ist, ist beim Antrag auf Berufsunfähigkeitszusatzversicherung eines jetzigen Masseurs arglistig (OLG Nürnberg, Az. 8 U 2643/98).

• Das Verschweigen von massiven Rückenproblemen bei Antrag auf Berufsunfähigkeitszusatzversicherung eines Heizungsbauers ist arglistig (OLG Köln, Az. 5 U 180/99). →

→
- Das Verschweigen einer seit Jahren bestehenden und behandelten, in Abständen wiederkehrenden Raucherbronchitis ist arglistig (OLG Frankfurt, Az. 7 U 157/99).
- Das Verschweigen einer zurückliegenden Alkoholkrankheit mit Entziehungskur bei gleichzeitiger Angabe von Bagatellen ist arglistig (OLG Dresden, Az. 3 U 1413/00).
- Das Verschweigen ärztlich behandelter seelisch bedingter Störungen und asthmatischer Beschwerden bei gleichzeitiger Angabe einer Migräne bei Antrag auf Berufsunfähigkeitsversicherung ist arglistig (OLG Celle, Az. 8 U 90/00).
- Das Verschweigen eines langjährigen und insulinpflichtigen Diabetes mellitus bei einem Antrag auf Lebensversicherung mit Berufsunfähigkeitszusatzversicherung ist arglistig (OLG Koblenz, Az. 10 U 1733/01).

Versicherer noch bis zu fünf Jahre nach Vertragsschluss vom Vertrag zurücktreten. Er muss einen solchen Rücktritt aber innerhalb eines Monats erklären, nachdem er von der Anzeigepflichtverletzung erfahren hat.

Die Folgen sind gravierend: Sie verlieren unter Umständen Ihren Versicherungsschutz und müssen möglicherweise bereits erhaltene Leistungen zurückzahlen. Ob der Versicherer die Rente verweigern kann, hängt jedoch davon ab, ob zwischen dem verschwiegenen Umstand und der Ursache für die Berufsunfähigkeit ein Zusammenhang besteht. Können Sie nachweisen, dass es keinerlei Kausalität gibt, muss trotz Rücktritt die Rente bezahlt werden.

Es gibt aber eine Ausnahme: Haben Sie arglistig falsche Angaben gemacht, muss der Versicherer generell nicht zahlen. Das ist stets der Fall, wenn Sie wussten, dass Sie bei korrekten Angaben den Versicherungsschutz nicht oder nicht zu diesen Bedingungen erhalten hätten. Der Versicherer wird also in einer Auseinandersetzung vermutlich genau darauf abstellen, Ihnen die Arglist zu beweisen. Dann kann er sogar noch bis zu zehn Jahre nach Vertragsschluss zurücktreten. Bei

Frist verstrichen?

Der Versicherungs- und Rentenberater Frank Begas berichtet aus der Praxis, dass die Versicherer nach wie vor mit dem Vorwurf der arglistigen Täuschung nicht zimperlich umgehen: „Ich hatte einen Fall, da berief sich ein Versicherer sogar nach mehr als zehn Jahren noch auf eine Verletzung der vorvertraglichen Anzeigepflicht – und kam damit sogar zunächst durch. Erst der Bundesgerichtshof (BGH, Az. IV ZR 277/14) hob das Urteil dann auf." Zehn Jahre nach Vertragsschluss endet die Anfechtungsfrist wegen arglistiger Täuschung – jedenfalls im Regelfall. Ob der Rücktritt im Einzelfall dennoch über diese Frist hinaus möglich ist, haben die Gerichte noch nicht abschließend geklärt.

der arglistigen Täuschung steht dem Versicherer nicht nur der Rücktritt nach VVG, sondern auch die Anfechtung nach dem Bürgerlichen Gesetzbuch (BGB) offen. Der Nachteil für die Versicherten besteht darin, dass die Anfechtung noch bis zu einem Jahr erklärt werden kann, nachdem die Versicherung von der Täuschung erfahren hat. Und: Hier gilt nicht der Grundsatz, dass nur das erheblich ist, wonach ausdrücklich im Antrag gefragt

wurde. Insbesondere bei Altverträgen werden die Versicherer also vermutlich versuchen, das Instrument der Anfechtung zu nutzen, um Leistungsansprüche abzuwehren. Andererseits gilt: Handelt es sich um eine einfache „Schludrigkeit", liegt also weder Vorsatz noch grobe Fahrlässigkeit vor, so kann der Versicherer nicht zurücktreten. Allenfalls kann er mit einer Frist von einem Monat kündigen. Die bereits laufende oder beantragte Rente muss er jedoch zahlen. Den Nachweis, dass es sich nicht um Vorsatz oder grobe Fahrlässigkeit handelt, müssen jedoch Sie als Versicherter erbringen. Ebenso haben Sie nachzuweisen, dass keine Kausalität vorliegt, dass also der verschwiegene Umstand mit der späteren Berufsunfähigkeit in keinem Zusammenhang steht.

→ **TIPP Spezialisten zurate ziehen**
Sobald der Versicherer Ihnen eine vorvertragliche Anzeigepflichtverletzung vorwirft, sollten Sie mit einem im Bereich Berufsunfähigkeitsversicherung spezialisierten Versicherungsberater oder Fachanwalt Kontakt aufnehmen. Sollte sich die Anzeigepflichtverletzung als solche nicht bestreiten lassen, muss es Ihnen darauf ankommen,
1. den Nachweis der Arglist zu verhindern und
2. den Nachweis zu führen, dass keine Kausalität vorliegt.

Rechtsfolgen von Anzeigepflichtverletzungen

	RECHTSGRUNDLAGE	FRISTEN	RECHTSFOLGE
Anfechtung wegen arglistiger Täuschung	BGB § 123 VVG § 22	10 Jahre nach Vertrag, 1 Jahr nach Kenntnis	Versicherung muss nicht zahlen, ggf. Rückforderung
Rücktritt bei Arglist	VVG §§ 19, 21	10 Jahre nach Vertrag, 1 Jahr nach Kenntnis	Versicherung muss nicht zahlen, ggf. Rückforderung
Rücktritt bei vorsätzlichem Verschweigen	VVG §§ 19, 21	10 Jahre nach Vertrag, 1 Jahr nach Kenntnis	Versicherung muss nicht zahlen und ggf. Rückforderung, es sei denn, die Anzeigepflichtverletzung hat nichts mit dem Versicherungsfall zu tun
Rücktritt bei grob fahrlässigem Verschweigen	VVG §§ 19, 21	5 Jahre nach Vertrag, 1 Monat nach Kenntnis	Versicherung muss nicht zahlen und ggf. Rückforderung, es sei denn, die Anzeigepflichtverletzung hat nichts mit dem Versicherungsfall zu tun
Kündigung bei fahrlässigem Verschweigen vertragshindernder Umstände	VVG § 19	5 Jahre nach Vertrag, 1 Monat nach Kenntnis	Vertrag endet mit Frist von 1 Monat. Bereits laufende Renten werden weiter gezahlt
Vertragsanpassung bei grob fahrlässigem Verschweigen nicht vertragshindernder Umstände (Versicherung hätte Vertrag zwar geschlossen, aber zu einem höheren Preis oder mit Risikoausschluss)	VVG § 19	5 Jahre nach Vertrag, 1 Monat nach Kenntnis	Die Versicherung darf auch rückwirkend eine höhere Prämie verlangen oder Vertragsänderungen vornehmen (zum Beispiel Risikoausschluss). Ein rückwirkender Risikoausschluss kann zum Verlust des Rentenanspruchs und im Fall erbrachter Leistungen zu einer Rückforderung führen. Besteht keine Kausalität, wird eine laufende Rente weiter gezahlt. Sonderkündigungsrecht für Kunden

 BEISPIEL

Beweispflichten

Angenommen, Sie haben einen leicht erhöhten Blutdruck nicht angegeben und werden später wegen psychischer Probleme berufsunfähig. Jetzt müssen Sie glaubhaft darlegen, dass Sie den erhöhten Blutdruck nicht angegeben haben, weil sie dieser leichten Störung keine Bedeutung zugemessen haben, und nicht, um sich den Vertrag zu erschleichen. Außerdem müssen Sie beweisen, dass der erhöhte Blutdruck in keinem ursächlichen Zusammenhang mit Ihrer psychischen Erkrankung steht. Gelingt Ihnen das, bekommen Sie die Rente.

Es ist auch denkbar, dass der Versicherer trotz einer grob fahrlässigen Anzeigepflichtverletzung nicht zurücktreten kann, sondern „nur" die Prämien erhöhen oder einen Risikoausschluss in den Vertrag aufnehmen darf. Dies ist der Fall, wenn er den Vertrag bei korrekten Angaben auch geschlossen hätte, aber zu anderen Konditionen.

Das bedeutet, dass Sie maximal für fünf Jahre – so lange kann der Versicherer Anzeigepflichtverletzungen geltend machen (bei Vorsatz und Arglist sogar zehn Jahre) – den Prämienzuschlag nachentrichten oder den Ausschluss hinnehmen müssen. Sie erhalten allerdings ein außerordentliches Kündigungsrecht, falls die Prämienerhöhung mehr als 10 Prozent beträgt. In einem solchen Fall ist es vermutlich ratsam, in den sauren Apfel zu beißen und den Zuschlag zu akzeptieren.

Wehren Sie sich!

Wird der Rentenantrag abgelehnt, sollten Sie Widerspruch einlegen und sich von einem Versicherungsberater oder einer Verbraucherzentrale (Adressen → Seite 174) beraten lassen. Solange noch keine Klage eingereicht wurde, können Sie auch Beschwerde bei der

 BEISPIEL

Sie haben im Antrag einen Besuch bei einem Orthopäden vergessen, der schon einige Jahre zurücklag. Der Arzt hatte seinerzeit einen Bandscheibenvorfall diagnostiziert und Ihnen Tabletten und Krankengymnastik verordnet. Die Beschwerden tauchten aber später nie wieder auf. In einem solchen Fall ist davon auszugehen, dass Sie den Vertrag auch mit vollständigen Angaben erhalten hätten. Der Versicherer kann jedoch einen Prämienzuschlag oder einen Risikoausschluss verlangen – und dies auch rückwirkend.

Problematische Beweislast
Versicherungs- und Rentenberater Frank Begas: „Es ist
im Streitfall ein Problem,
dass der Kunde beweisen
muss, dass eine Anzeigepflichtverletzung
nicht vorsätzlich oder grob fahrlässig erfolgte. Das fällt leider sehr schwer. Besser wäre, wenn der Gesetzgeber hier die
Beweislast umkehren würde. Es ist ja der
Versicherer, der zurücktreten und die
Rente sparen will. Also sollte er auch den
Nachweis der groben Fahrlässigkeit oder
des Vorsatzes führen!"

Aufsichtsbehörde für Versicherungen BaFin
oder beim Versicherungsombudsmann einreichen.

Verbindliche Entscheidungen darf der
Ombudsmann nur bis zu einem Beschwerdewert von 10.000 Euro fällen. Bei Streitigkeiten um eine Berufsunfähigkeitsversicherung liegt der Beschwerdewert fast immer höher. Allerdings kann der Ombudsmann bei
einem Beschwerdewert bis 100.000 Euro
Empfehlungen geben, die zwar nicht verbindlich, aber durchaus von einigem Gewicht sind
und auch in einem sich anschließenden Ge-
richtsverfahren vorgelegt werden können.

Wenn der Versicherer sich weiter quer-
stellt, bleibt Ihnen vermutlich nichts anderes übrig, als Klage einzureichen. Zuständig
ist aufgrund des hohen Streitwerts meist das
Landgericht. Das ist mit einem erheblichen
Kostenrisiko verbunden. Wenn Sie verlieren
sollten, müssen Sie die Kosten für Ihren Anwalt, den Anwalt der Gegenseite sowie die
Gerichtskosten bezahlen. Kein Wunder, dass
nur 2 Prozent der strittigen Fälle vor Gericht
landen.

Hilfreich ist deshalb eine Rechtsschutzversicherung. Sie sollten sich durch einen
Fachanwalt vertreten lassen, der Erfahrung
im Bereich der Berufsunfähigkeitsversicherung hat. Auch können Sie einen im BU-Be-
reich versierten Versicherungsberater hin-
zuziehen. Erfahrene Berater kennen beispielsweise unabhängige und qualifizierte
Gutachter. Die Erfolgschancen vor Gericht
sind „durchwachsen": In knapp 35 Prozent

 BEISPIEL

Dreijahresfrist berechnen

Am 25. Mai 2016 lehnt die Versicherung
Ihren Widerspruch ab und verweigert
eine Rente. Dann beginnt der Dreijahres-
zeitraum am 1. Januar 2017 und endet
am 31. Dezember 2019. Anschließend
sind Ihre Ansprüche verjährt. Allerdings
sollte man die Verjährungsfrist möglichst
nicht ausschöpfen, sondern die gestel-
ten Ansprüche bald verfolgen.

Wenig Hoffnung

Keine allzu großen Hoffnungen sollten Versicherte auf eine Beschwerde bei der Aufsichtsbehörde setzen, meint Versicherungs- und Rentenberater Frank Begas: „Die BaFin nimmt normalerweise zu streitigen Rechtsfragen keine Stellung und verweist die Versicherten regelmäßig auf den Rechtsweg. Eine BaFin-Beschwerde ist allerdings sinnvoll, wenn der Versicherer beispielsweise Briefe nicht oder mit zeitlich starker Verzögerung beantwortet oder wenn die Herausgabe von Unterlagen ohne Begründung verweigert wird".

der Verfahren siegt die Versicherung, nur in 15 Prozent der Fälle gewinnt eindeutig der Versicherte, und über die Hälfte der Verfahren endet mit einem Vergleich. Immerhin bedeutet das: In rund zwei Drittel der Verfahren bekommt der Versicherte zumindest teilweise Recht.

Wollen Sie gegen Ihre Versicherung gerichtlich vorgehen, gilt: Sie müssen in den drei folgenden Kalenderjahren, nachdem Ihr Anspruch abgelehnt wurde, die Klage einreichen (§ 195 BGB).

Problem Verweisung

Vor Gericht ging es in der Vergangenheit bei Streitigkeiten um die Zahlung einer Berufsunfähigkeitsrente häufig um die sogenannte Verweisung. Auch wenn Sie medizinisch nachgewiesen eindeutig berufsunfähig sind und keine Anzeigepflichtverletzung begangen haben, könnte damit die Rente verweigert werden. Insbesondere bei älteren Verträgen droht als Gefahr die abstrakte Verweisung.

Mittlerweile verzichten Versicherer in immer mehr Tarifen bei Neuabschlüssen auf die abstrakte Verweisung. Trotzdem bleibt die Verweisung ein Streitpunkt – und zwar in Form der konkreten Verweisung. Dies be-

 BEISPIEL

Keine Rente – abstrakt verwiesen!

Ein Dachdecker ist durch einen Sturz so am Bein behindert, dass er nicht mehr auf Dächer klettern kann. Folglich ist er berufsunfähig. Hat der Dachdecker einen Vertrag, in dem nicht auf die abstrakte Verweisung verzichtet wird, bekommt er eventuell trotzdem keine Rente. Der Versicherer kann argumentieren, dass er noch als Fachverkäufer in einem Baumarkt arbeiten könnte. „Abstrakte Verweisung" nennt man das.

deutet: Sie sind berufsunfähig und haben die Rente durchgesetzt. Wenn Sie jetzt eine andere Tätigkeit aufnehmen, kann das die Rente gefährden.

Solche Fälle werden häufig von Gerichten überprüft. Es kommt darauf an, ob im Einzelfall die Lebensstellung durch den neuen Job erhalten bleibt. Auch das Einkommen spielt eine Rolle. In der Regel muss ein Einkommensverlust von rund 20 Prozent hingenommen werden.

Wenn die Richter also feststellen, dass die Lebensstellung gewahrt ist, muss der Berufsunfähigkeitsversicherer keine Rente zahlen. Andersherum: Ist der soziale Abstieg zu deutlich und/oder die Einkommenseinbuße zu hoch, muss die Rente fließen – und das ungekürzt.

> ▶ **BEISPIEL**

Keine Rente – konkret verwiesen!

Ein Koch in einem Gourmetrestaurant verliert seinen Geruchssinn und ist damit unstrittig berufsunfähig. Allerdings arbeitet er weiter als Fachautor und schreibt mit großem Erfolg Kochbücher. In diesem Fall kann der Versicherer ihm die Rente verweigern, wenn Einkommen und Lebensstellung weitgehend erhalten bleiben. Das nennt man „konkrete Verweisung".

Was ist der ausgeübte Beruf?

Wenn Sie berufsunfähig werden, bezieht sich das stets auf den zuletzt tatsächlich ausgeübten Beruf. Nicht etwa auf den Beruf, den Sie im Versicherungsantrag angegeben haben, und auch nicht auf den, für den Sie ursprünglich ausgebildet wurden. Es zählt, womit Sie zum Zeitpunkt des Eintritts der Berufsunfähigkeit tatsächlich Ihren Lebensunterhalt bestritten haben.

Hier kommt es bei Leistungsfällen kurz nach einem Berufswechsel zwangsläufig zu Streitfragen. Denn der neue Job muss nach Auffassung der Gerichte die Lebensstellung

BEISPIEL

Buchhalter mit links

Ein Buchhalter verlor bei einem Unfall seinen rechten Arm. Acht Jahre lang bezog er daraufhin eine Berufsunfähigkeitsrente. Dann bekam er ein Schreiben seines Versicherers und beantwortete es, leider handschriftlich – mit seiner linken Hand! Daraufhin stoppte der Versicherer sofort die Rente und verlangte sogar ein Jahr rückwirkend die Zahlungen zurück. Begründung: Er könne ja wieder schreiben und sei mithin als Buchhalter nicht mehr berufsunfähig.

prägen. Dies kann schon nach wenigen Tagen der Fall sein, wenn der neue Beruf erkennbar auf Dauer angelegt ist. Nach spätestens einem halben Jahr dürfte das unstrittig sein.

Keine Rente bekommen Sie aber, wenn Sie die Berufsunfähigkeit durch den Jobwechsel gleichsam selbst herbeiführen: Angenommen, Sie arbeiten im Büro eines Industrieunternehmens und leiden unter Kniebeschwerden. Wenn Sie nun ins Lager wechseln und nach einigen Wochen oder Monaten die Rente einreichen, weil die Kniebeschwerden die körperliche Tätigkeit nicht mehr zulassen, dürften Sie mit einem solchen Rentenantrag nicht durchkommen.

Ist eine zeitliche Befristung erlaubt?

Früher wurden Renten häufig zeitlich befristet gewährt, wenn die Anerkennungslage unklar war und/oder der Versicherer hoffte, die gesundheitliche Beeinträchtigung würde sich bessern. Dies ist nach neuem VVG nur noch einmal möglich. Bis zum Ablauf der Frist ist das Anerkenntnis bindend.

Darf der Versicherer nachprüfen?

Der Versicherer kann jährlich den Gesundheitszustand des Rentenbeziehers auf eigene Kosten prüfen lassen. Der Versicherte muss sich dieser medizinischen Untersuchung stellen, will er nicht die Aberkennung der Rente riskieren. Solche Untersuchungen werden anfänglich alle ein bis zwei Jahre, später auch bei klaren Fällen alle drei bis fünf Jahre durchgeführt.

Werden Verbesserungen festgestellt, kann eine Reaktivierung erfolgen. Der Versicherer muss dem Rentenbezieher schriftlich mitteilen, dass die Voraussetzungen für eine Leistungspflicht entfallen sind. Frühestens mit dem Ablauf des dritten Monats nach Zugang dieser Erklärung kann dann die Rente eingestellt werden.

Pflicht zur Umorganisation

Selbstständige müssen wissen, dass sie im Fall der Berufsunfähigkeit zur betrieblichen Umorganisation verpflichtet werden können. Unternehmern kann so auch bei nachgewie-

Zwischen den Stühlen

Ein schwerer Bandscheibenvorfall war das berufliche Ende für den Kfz-Meister Willi S.: berufsunfähig mit 43 Jahren. Fünf Jahre lang bekam er Rente, doch dann schickte ihn seine Versicherung erneut zum Gutachter. Der stellte fest: S. ist zwar krank, aber nicht zu mindestens 50 Prozent berufsunfähig. Also wurde die Rente gestrichen. Krankheit, so dachte S., sei ein Fall für seine Krankentagegeldversicherung, an die er sich vertrauensvoll hielt.

Doch deren Gutachter stellte fest, S. sei eindeutig dauerhaft berufsunfähig – also kein Geld von der Krankentagegeldversicherung, denn die zahlt nur bei vorübergehender Krankheit. So blieb S. ohne Geld, weil er für die eine Versicherung zu krank und für die andere nicht krank genug war! Für beide Versicherungen musste S. weiterhin rund 800 Euro monatlich an Prämien zahlen. Sonst hätte er den Versicherungsschutz verloren und damit auch alle weiteren Ansprüche in der Zukunft.

S. verklagte seine Berufsunfähigkeitsversicherung – doch bis zu einem rechtskräftigen Urteil kann es Jahre dauern.

sener gesundheitlicher Einschränkung die Rente verweigert werden. Sie müssen ihren Betrieb so umorganisieren, dass sie selbst eine weniger belastende Tätigkeit ausüben und die Geschäfte in umgestalteter Form weiterlaufen können.

Für den Selbstständigen heißt das: Er ist zwar krank, gilt aber nicht als berufsunfähig und bekommt keine Rente. Voraussetzung: Er muss zum Zeitpunkt seiner Erkrankung die Fähigkeiten für die neue Funktion gehabt haben und er muss dort ein etwa gleich hohes Einkommen wie zuvor erzielen können.

Im Zweifel müssen hierüber die Gerichte entscheiden: So wollte ein Versicherer einem an Mehlstauballergie erkrankten Bäckermeister vorschreiben, seinen Betrieb zu einer reinen Produktionsstätte für Pralinen und Bonbons zu machen. Dies – so entschied das OLG Hamm – würde einen unvertretbar hohen Kapitaleinsatz erfordern und überdies den Charakter des alten Betriebs vollständig verändern. Der Bäcker bekam die Rente.

Rechtslücke zwischen Krankentagegeld- und Berufsunfähigkeitsversicherung

Ein Problem insbesondere für Selbstständige ist die mangelnde Verzahnung von Krankentagegeld- und Berufsunfähigkeitsversicherung. Die beiden Versicherungen basieren auf unterschiedlichen Bedingungswerken, was dazu führen kann, dass trotz schwerwiegender Erkrankung keine von beiden zahlen muss. Die Krankentagegeldversicherung nicht, weil der Erkrankte ihrer Meinung nach bereits berufsunfähig ist. Und die Berufsunfähigkeitsversicherung nicht, weil der Versicherte nach deren Klauseln für eine Rentenzahlung noch nicht krank genug ist.

→ **TIPP Bei Vertragsabschluss auf nahtlosen Übergang achten**
Schließen Sie soweit möglich Krankentagegeld- und Berufsunfähigkeitsversicherung bei einem Anbieter ab, der seine Bedingungswerke so miteinander verzahnt hat, dass ein nahtloser Übergang gewährleistet ist. Optimal ist, wenn dies auf dem Versicherungsschein ausdrücklich garantiert wird.

Werden Renten gegeneinander verrechnet?

Es kann passieren, dass Sie bei einer schweren Erkrankung sowohl eine private Berufsunfähigkeitsrente als auch eine gesetzliche Erwerbsminderungsrente sowie Zahlungen aus einem betrieblichen Zusatzversorgungssystem (beziehungsweise aus der VBL für Beschäftigte des öffentlichen Dienstes) erhalten und obendrein noch eine private Unfallrente gezahlt bekommen. Diese Renten werden nicht gegeneinander aufgerechnet und können sogar Ihr altes Einkommen deutlich übersteigen. Einzige Ausnahme: Gesetzliche Erwerbsminderungsrente und gesetzliche Unfallrente werden zumindest teilweise miteinander verrechnet, wobei hier die Unfallrente vorrangig gewährt und die Erwerbsminderungsrente gekürzt wird.

Was tun bei
Zahlungsschwierigkeiten?

Wer in finanzielle Schwierigkeiten kommt, sollte keinesfalls leichtfertig seine Versicherung kündigen. Anders als bei vielen anderen Versicherungen gilt nämlich: Wer den Berufsunfähigkeitsschutz kündigt, bekommt mit zunehmendem Alter erfahrungsgemäß nur noch schwer eine neue Versicherung. Experten raten deshalb, diese Versicherung unbedingt aufrechtzuerhalten, zumindest bis das 60. Lebensjahr erreicht ist.

Wer finanziell in die Klemme geraten ist, hat verschiedene Möglichkeiten, die Belastung – zumindest zeitweise – zu verringern. Rund zehn Wochen können Sie erfahrungsgemäß mit dem Beitrag in Verzug kommen, ohne dass Sie Nachteile befürchten müssen. Erst dann erhalten Sie in der Regel eine Mahnung, in der eine Zahlungsfrist von 14 Tagen gesetzt sein muss. Das heißt: Rund drei Monate können Sie auf diese Weise „die Zahlung aussetzen", ohne Ihren Versicherungsschutz zu riskieren.

Eine Mahnung Ihres Versicherers muss Ihnen rechtskräftig zugehen, wobei die Versicherung im Zweifel den Beweis antreten muss, dass Sie die Mahnung tatsächlich erhalten haben.

Haben Sie nach Fristablauf Ihre Versicherungsbeiträge immer noch nicht bezahlt und tritt dann der Leistungsfall ein, muss der Versicherer Ihnen keine Rente zahlen. Auch kann er Ihnen nach Fristablauf ohne weitere Frist kündigen, wenn Sie noch immer im Rückstand sind.

Allerdings haben Sie nach einer Kündigung einen Monat lang die Möglichkeit, Ihren Rückstand noch auszugleichen. Zahlen Sie rechtzeitig, wird die Kündigung unwirksam und Sie haben wieder Versicherungsschutz.

Vertrag ruhen lassen

Bis zu einem halben Jahr können Sie den Vertrag ruhen lassen, müssen also nichts zahlen, haben aber natürlich auch keinen Versicherungsschutz. Das machen nahezu alle Versicherungen mit.

Aber Vorsicht: Es gibt Versicherer, die bereitwillig ein Jahr Beitragsfreistellung gewähren, aber nicht sagen, dass anschließend eine neue Gesundheitsprüfung fällig ist. Damit können alle seit Vertragsschluss hinzugekommenen Erkrankungen zu einer Prämienerhöhung oder zu Risikoausschlüssen führen.

Andere Versicherer bieten an, sowohl den Beitrag als auch die versicherte Leistung für ein bis maximal drei Jahre deutlich zu senken. Anschließend kann ohne neue Gesundheitsprüfung der Vertrag auf dem alten Niveau fortgeführt werden. Das ist sehr nachteilig, falls die Berufsunfähigkeit in der Phase mit abgesenkter Leistung eintreten sollte. Bis zum Ende der Vertragslaufzeit – unter Umständen also über Jahrzehnte – flösse dann nur eine Minirente.

Zinslose Stundung

Bis zu einem halben Jahr gewähren einige Versicherer im Fall einer Notlage (zum Beispiel Arbeitslosigkeit) eine zinslose Stundung des Beitrags. Damit bleibt der Versicherungsschutz erhalten, allerdings müssen Sie die gestundeten Beiträge nachzahlen.

Teilkündigung

Wer langfristig knapp bei Kasse ist, sollte überlegen, ob er durch eine sogenannte Teilkündigung seinen Versicherungsschutz verbilligen kann. Beispielsweise sollten verzichtbare Vertragsbestandteile wie eine Unfalltodzusatzversicherung und eine Beitragsdynamik gekündigt werden. Notfalls könnte auch die versicherte Rentenhöhe reduziert werden, also beispielsweise von 2.000 auf 1.500 Euro pro Monat.

Sie können auch versuchen, eine teure Kombination von privater Renten- beziehungsweise Kapitallebensversicherung mit BUZ in eine preiswerte Kombination von Ri-

Niemals unüberlegt kündigen!

Axel Kleinlein vom Bund der Versicherten rät: „Sie sollten Ihre Berufsunfähigkeitsversicherung auf keinen Fall unüberlegt kündigen. Sie laufen sonst Gefahr, später gar keinen Berufsunfähigkeitsschutz mehr zu bekommen oder nur zu sehr hohen Beiträgen. Insbesondere wenn Sie schon älter und nicht mehr kerngesund sind, sollten Sie diesen Schutz unbedingt erhalten. Bei finanziellen Engpässen suchen Sie am besten Rat bei Verbraucherorganisationen, um dann mit Ihrem Versicherer eine Lösung zu finden."

sikolebensversicherung mit BUZ umzuwandeln. Möglich ist auch eine Beitragsfreistellung in der Hauptversicherung (private Renten- oder Kapitallebensversicherung), während die Berufsunfähigkeitszusatzversicherung weiterläuft. In beiden Fällen muss allerdings der Versicherer mitspielen. Immer mehr Versicherer akzeptieren sogar die Kündigung der Hauptversicherung bei Weiterführung der ehemaligen Berufsunfähigkeitszusatzversicherung als selbstständige Berufsunfähigkeitsversicherung, sofern sie diese im Angebot haben.

Kündigung/Beitragsfreistellung

Trotz aller Bedenken bleibt manchem bei dauerhafter Geldnot nur die Kündigung des Vertrags. Wichtig hierbei: Auch bei einer Berufsunfähigkeitsversicherung – ganz gleich ob SBU oder BUZ – steht Ihnen grundsätzlich ein Rückkaufswert zu. Schließlich haben Sie womöglich viele Jahre lang, gemessen an Ihrem tatsächlichen versicherungstechnischen Risiko, zu hohe Prämien gezahlt. Diese überzahlten Prämien müssten Ihnen bei Kündigung als Rückkaufswert (möglicherweise abzüglich eines Stornoabschlags) erstattet werden.

In der Praxis gibt es jedoch die unterschiedlichsten Varianten:

→ Auszahlung des Rückkaufswerts,
→ Zahlung einer (deutlich niedrigeren) BU-Rente im Leistungsfall,
→ weder Zahlung eines Rückkaufswerts noch einer BU-Rente.

→ **TIPP Rückkaufswert abklären**
Fragen Sie Ihren Versicherer nach der Höhe des Rückkaufswerts oder der Höhe einer beitragsfreien Rente im Falle einer Kündigung oder Beitragsfreistellung. Falls der Versicherer einen Rückkaufswert generell bestreitet, prüfen Sie, ob dies tatsächlich so in den Versicherungsbedingungen steht.

Die Verweigerung jeglicher Leistung dürfte allerdings nur haltbar sein, wenn der Versicherer in seinem Tarifwerk ausdrücklich klarstellt, dass im Fall von Kündigung oder Beitragsfreistellung kein Rückkaufswert entsteht.

Vorsicht, Steuern und
Sozialabgaben!

Der Fiskus hat auch die Berufsunfähigkeits- und
Erwerbsminderungsrenten fest im Blick. Wer solche
Renten bezieht, muss wissen, dass sie vom Grundsatz
her steuerpflichtig sind. Doch nur in wenigen Fällen
resultiert daraus eine empfindliche Steuerbelastung.

Theoretisch können die Versicherten im Gegenzug auch in der Einzahlphase ihre Beiträge steuerlich absetzen. Doch auch davon profitiert nur eine Minderheit fühlbar. Es sind vor allem Versicherte mit betrieblichen oder Rürup-Verträgen, für die Steuern und Abgaben ins Gewicht fallen, sowohl in der Einzahl- wie auch der Rentenphase.

Steuerliche Behandlung der Versicherungsbeiträge

Die Beiträge für eine Berufsunfähigkeitsversicherung sind in den meisten Fällen nicht steuerlich wirksam absetzbar. Zwar könnten sie als „sonstige Vorsorgeaufwendungen" angesetzt werden, doch die Höchstbeträge sind in der Regel schon durch die Beiträge für

Kranken-, Pflege-, Arbeitslosen-, Unfall- und Haftpflichtversicherungen ausgeschöpft. Voll absetzbar (bis zu einer Höhe von 2.100 Euro pro Jahr) sind Einzahlungen in eine Riester-Rente, wobei 15 Prozent der Einzahlungen in einen Berufsunfähigkeitsschutz fließen dürfen.

Besser sieht es da schon bei der Rürup- oder Basisrente aus. Hier können bis 49 Prozent der Einzahlungen für den Berufsunfähigkeitsschutz verwendet und deutlich höhere Summen steuerlich geltend gemacht werden. So können 2016 Ledige bis zu 22.767 Euro und Verheiratete bis zu 45.534 Euro Einzahlungen in einen Rürup-Vertrag steuerlich geltend machen. Tatsächlich absetzen dürfen sie von dieser Summe aber 2016 nur 82 Prozent.

Dieser Anteil steigt in Zwei-Prozent-

 FINANZEN

So viel nutzt die Rürup-Rente steuerlich

Beispiel 1:

Angestellte, ledig, Bruttojahresverdienst 60.000 Euro, Rentenversicherungsbeitrag: 11.220 Euro (inklusive Arbeitgeberbeitrag)

maximal förderfähiger Einzahlbetrag	22.767 Euro
gekürzt um gesetzlichen Rentenbeitrag	– 11.220 Euro
verbleibender förderfähiger Betrag	11.547 Euro

Davon können 2016 82 % steuerlich geltend gemacht werden:
82 % von 11.547 Euro =   9.468 Euro
Steuerersparnis: **3.841 Euro**

= 33,3 % der Einzahlungssumme

Zahlt die Angestellte 2016 ihren Maximalbetrag von 11.547 Euro
in einen Rürup-Vertrag, erhält sie davon 33,3 % als Steuerspar-
nis zurück.

Beispiel 2:

Selbstständiger, verheiratet, Bruttojahresverdienst 80.000 Euro,
zahlt 18.000 Euro in ein Versorgungswerk; Ehefrau, angestellt,
Bruttoeinkommen 20.000 Euro, Rentenversicherungsbeitrag:
3.740 Euro

maximal förderfähiger Einzahlbetrag	45.534 Euro
gekürzt um Zahlungen in Versorgungswerk	– 18.000 Euro
gekürzt um gesetzlichen Rentenbetrag der Ehefrau	– 3.740 Euro
verbleibender förderfähiger Betrag	23.794 Euro

Davon können 2016 82 % steuerlich geltend gemacht werden:
82 % von 23.794 Euro ≐   19.511 Euro
Steuerersparnis: **6.775 Euro**

= 28,5 % der Einzahlungssumme

Zahlt der Selbstständige 2016 23.794 Euro in einen Rürup-Vertrag, so erhält er davon 28,5 Prozent als Steuerersparnis zurück.

Berechnung inklusive Solidaritätszuschlag, ohne Kirchensteuer

Quelle: Alte Leipziger
Lebensversicherung

Schritten, bis im Jahr 2025 100 Prozent erreicht sind (→ Kasten rechts: „So viel dürfen Sie absetzen").

Verringert wird der steuerlich abzugsfähige Betrag durch die Einzahlungen in die gesetzliche Rentenversicherung (inklusive Arbeitgeberbeitrag) und in berufsständische Versorgungswerke. Einen Vorteil aus der Basisrente ziehen also vor allem Selbstständige und gut verdienende Angestellte, die ihren abzugsfähigen Betrag noch nicht durch Einzahlungen in Versorgungswerke oder gesetzliche Rentenversicherung ausgeschöpft haben.

Dennoch: Lassen Sie sich nicht allein von Steuervorteilen locken. Die tatsächlichen Ersparnisse werden auch bei Gutverdienern oft überschätzt (→ linke Seite: „So viel nutzt die Rürup-Rente steuerlich"). Außerdem müssen Sie sich die hohen Einzahlungen auch leisten können. Ein weiterer Nachteil der Basisrente: Die Auszahlungen und damit auch mögliche Berufsunfähigkeitsrenten sind spätestens ab 2040 voll steuerpflichtig.

Steuern sparen mit Entgeltumwandlung

Steuern sparen kann auch, wer den Berufsunfähigkeitsschutz im Rahmen der betrieblichen Altersversorgung organisiert: Arbeitnehmer, die sich für die Entgeltumwandlung

So viel dürfen Sie absetzen

Ab 2025 können Sie Altersvorsorgeaufwendungen nach § 10 EStG voll absetzen. Bis dahin gilt ein schrittweiser Übergang.
Sowohl der maximale steuerwirksame Einzahlbetrag als auch der Prozentsatz, welcher die tatsächlich absetzbare Summe letztlich bestimmt, werden jährlich erhöht. 2016 sind beispielsweise 82 Prozent von maximal 45.534 Euro (Verheiratete) steuerlich absetzbar.
Bei der Berechnung der maximal absetzbaren Beiträge für eine Rürup-Rente sind vorher noch die geleisteten Einzahlungen in die gesetzliche Rente oder in Versorgungswerke abzuziehen.

Jahr	Prozentsatz
2016	82 %
2017	84 %
2018	86 %
2019	88 %
2020	90 %
2021	92 %
2022	94 %
2023	96 %
2024	98 %
2025	100 %

Hinweis: Die Beiträge für die gesetzliche Rentenversicherung (inklusive Arbeitgeberbeitrag) werden in denselben Prozentschritten steuerfrei gestellt.

entscheiden, können ihre Einzahlungen komplett steuerlich absetzen. Dies gilt bis zu einer Grenze von 2.976 Euro (Stand 2016). Wer noch keine Direktversicherung mit der sehr günstigen Pauschalsteuerregelung (gilt

 FINANZEN

So lohnt die Entgeltumwandlung

Die Beispiele zeigen, dass viele Arbeitnehmer durch die Abgabenersparnis effektiv nur die Hälfte selbst einzahlen. In der Rentenphase werden allerdings volle Steuern, Pflege- und Krankenversicherungsbeiträge fällig.

Beispiel 1
Jahresbruttoeinkommen: 40.000 Euro (ledig)

Einzahlungen pro Jahr	1.200,00 Euro
abzüglich Steuerersparnis	– 345,96 Euro
abzüglich Sozialabgabenersparnis	– 248,16 Euro
verbleibender Nettoaufwand	**605,88 Euro**
	(= 50,5 %)

Beispiel 2
Jahresbruttoeinkommen: 60.000 Euro (ledig)

Einzahlung pro Jahr	1.200,00 Euro
abzüglich Steuerersparnis	– 480,00 Euro
abzüglich Sozialabgabenersparnis	– 130,20 Euro
Nettoaufwand	**589,80 Euro**
	(= 49,2 %)

Anmerkung: Die Sozialabgabenersparnis in Beispiel 2 ist geringer als in Beispiel 1, weil für das Einkommen oberhalb der Beitragsbemessungsgrenze in der Kranken- und Pflegeversicherung keine Beiträge zu zahlen sind.

Berechnung inklusive Solidaritätszuschlag, ohne Kirchensteuer

Quelle: Alte Leipziger Lebensversicherung

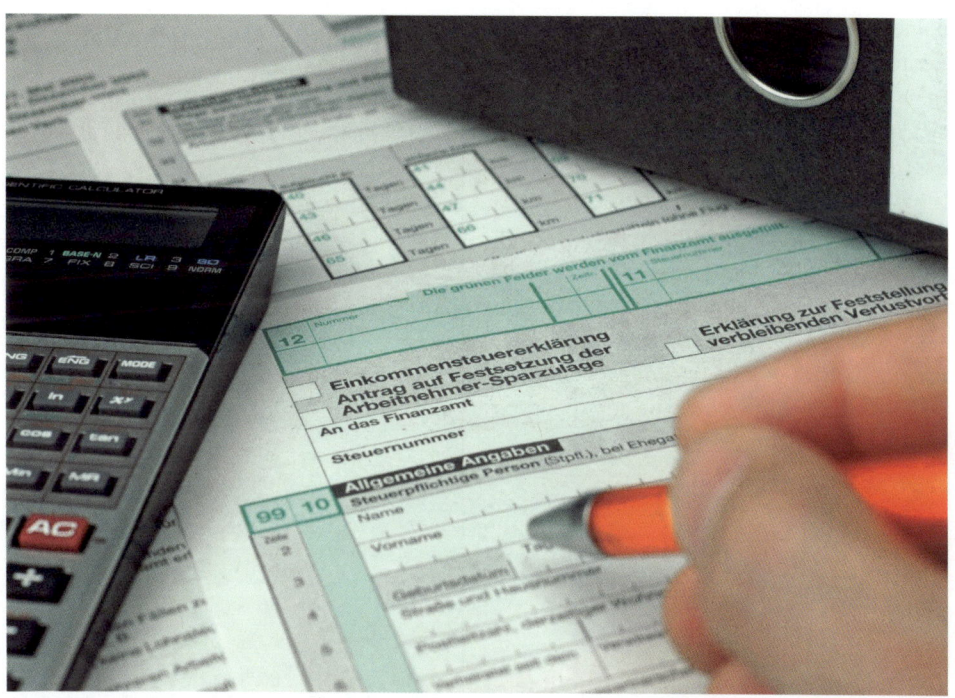

für Verträge, die vor 2005 abgeschlossen wurden) nutzt, kann sogar weitere 1.800 Euro steuerfrei einzahlen.

Außerdem gilt: Bis zu einem Betrag von 2.976 Euro sind die Einzahlungen nicht nur steuerfrei, sondern auch sozialversicherungsfrei. Damit lässt sich der Berufsunfähigkeitsschutz zu großen Teilen aus Steuer- und Sozialabgabenersparnissen finanzieren. Das ist vor allem dann der Fall, wenn der „Entgeltumwandler" ein Einkommen knapp unterhalb der Beitragsbemessungsgrenze in der gesetzlichen Krankenversicherung (50.850 Euro, Stand 2016) bezieht. Dann spart er die kompletten Sozialabgaben und hat aufgrund seines relativ hohen Einkommens auch schon eine ordentliche Steuerersparnis. Wer mehr verdient, hat nicht mehr die volle Ersparnis bei den Sozialabgaben. Ab einem Jahreseinkommen von 74.400 Euro (West)/64.800 (Ost), Stand 2016, gibt es keine Ersparnis mehr, da oberhalb dieser Beitragsbemessungsgrenzen in der Arbeitslosen- und Rentenversicherung keine zusätzlichen Beiträge mehr anfallen. Dafür ist die Steuerersparnis etwas größer.

Der Nachteil einer per Entgeltumwandlung finanzierten Berufsunfähigkeitsversicherung: Sollte es zu einer Rentenzahlung kommen, ist diese Rente voll steuerpflichtig, für gesetzlich Krankenversicherte zudem sogar noch voll pflege- und krankenversicherungspflichtig (→ Seite 145). Außerdem sinkt durch die Entgeltumwandlung der Anspruch aus der gesetzlichen Rente.

Besteuerung der gesetzlichen Erwerbsminderungsrente

Seit 2005 werden gesetzliche Renten zunehmend nachgelagert besteuert: Einerseits werden die Einzahlungen in die gesetzlichen Rentenkassen Jahr für Jahr stärker steuerfrei gestellt. Andererseits werden die Rentenauszahlungen in den kommenden Jahren immer stärker besteuert. Das gilt auch für Erwerbsminderungsrenten. Welcher Anteil der Bruttorente steuerpflichtig ist, hängt vom Jahr des erstmaligen Rentenbezugs ab. Von einer Erwerbsminderungsrente, die im Jahr 2016 erstmals gezahlt wird, sind 72 Prozent steuerpflichtig. Wer 2017 erstmals eine Erwerbsminderungsrente erhält, muss bereits

Steuer auf die gesetzliche Rente

Der Steueranteil wird schrittweise erhöht, bis im Jahr 2040 100 Prozent der gesetzlichen Alters- und Erwerbsminderungsrenten steuerpflichtig sind.

Rentenbeginn	steuerpflichtiger Teil der Rente
2016	72 %
2017	74 %
2018	76 %
2019	78 %
2020	80 %
2021	81 %
2022	82 %
2023	83 %
2024	84 %
2025	85 %
2026	86 %
2027	87 %
2028	88 %
2029	89 %
2030	90 %
2031	91 %
2032	92 %
2033	93 %
2034	94 %
2035	95 %
2036	96 %
2037	97 %
2038	98 %
2039	99 %
2040	100 %

BEISPIEL

Steuerpflicht ab ca. 10.000 Euro

Ein Erwerbsgeminderter erhält ab 2016 dauerhaft eine monatliche Rente von 1.000 Euro. Das sind im Jahr 12.000 Euro. Hiervon unterliegen 72 Prozent der Steuerpflicht, also 8.640 Euro. Da eine Steuerpflicht erst oberhalb eines steuerpflichtigen Einkommens von rund 10.000 Euro einsetzt, sind keine Steuern zu zahlen.

74 Prozent der Steuer unterwerfen. Der Rest bleibt als Steuerfreibetrag für die gesamte Laufzeit der Rente erhalten. Rentenerhöhungen steigern dann die Besteuerung nur unwesentlich.

In den nächsten Jahren müssen sich die meisten Erwerbsminderungsrentner noch keine Sorgen um die Steuer machen. Da dem Frührentner wie jedem Steuerpflichtigen neben dem Grundfreibetrag (8.652 Euro für Ledige/17.304 Euro für Verheiratete) weitere Pauschbeträge zustehen und er zudem Versicherungsbeiträge geltend machen kann, setzt eine effektive Steuerpflicht – so die Faustregel – erst bei Einkommen oberhalb von rund 10.000 Euro jährlich (Ledige) ein. Das bedeutet: Bei den derzeitigen Besteuerungsanteilen ist es sehr unwahrscheinlich, dass allein aus einer Erwerbsminderungs-

rente eine tatsächliche Steuerlast entsteht. Das gilt allerdings nur, wenn keine anderen Einkünfte vorhanden sind.

Besteuerung der privaten Berufsunfähigkeitsrente

Die private Berufsunfähigkeitsrente unterliegt der sogenannten Ertragsanteilbesteuerung. Dabei gilt folgendes Prinzip: Je länger eine Rente voraussichtlich gezahlt wird, desto höher ist der Anteil, der zu versteuern ist (→ Seite 141: Tabelle „Besteuerung der Berufsunfähigkeitsrente nach Ertragsanteil").

Sonderfall Riester-Rente
Wer eine Berufsunfähigkeitsrente aus einem geförderten Riester-Vertrag bezieht, muss diese zu 100 Prozent der Steuer unterwerfen, da die hierfür gezahlten Beiträge zuvor vollkommen steuerfrei gestellt waren.

Sonderfall Rürup-Rente
Stammt die Berufsunfähigkeitsrente aus einem Rürup-Vertrag, gilt dieselbe steuerliche Behandlung wie für gesetzliche Erwerbsminderungsrenten. Es hängt vom erstmaligen Rentenbezugsjahr ab, wie stark die Steuer zugreift: Im Jahr 2016 wären beispielsweise 72 Prozent der Rente steuerpflichtig. Ab 2040 müssen alle Neurentner ihre Rente zu 100 Prozent versteuern.

> ▶ BEISPIEL
>
> ## Wann sind Steuern fällig?
>
> Wer mit 30 berufsunfähig wird und eine Rente von 12.000 Euro im Jahr (bis zum vereinbarten Endalter 65) bezieht, muss davon 35 Prozent, also 4.200 Euro der Steuer unterwerfen. Dies allein führt noch zu keiner Steuerzahlung. Denn auch für den Berufsunfähigkeitsrentner gelten die steuerlichen Grundfreibeträge.
>
> Anders sieht es aus, wenn neben der privaten Berufsunfähigkeitsrente noch eine gesetzliche Erwerbsminderungsrente bezogen wird. Angenommen, es würden aus beiden Renten jeweils 1.000 Euro monatlich, also insgesamt 24.000 Euro im Jahr bezogen, ergibt sich folgende Rechnung: Von der privaten Berufsunfähigkeitsrente sind weiterhin 4.200 Euro steuerpflichtig.
>
> Von der Erwerbsminderungsrente, die 2016 erstmalig bezogen wird, 72 Prozent von 12.000 Euro = 8.640 Euro steuerpflichtig. Ergebnis: Insgesamt wird in diesem Beispiel von einem Renteneinkommen in Höhe von 24.000 Euro ein Anteil in Höhe von 12.840 Euro steuerpflichtig. Daraus folgt für einen Alleinstehenden vermutlich eine geringfügige Steuerbelastung. Anders bei steuerlich
>
> →

> →
>
> gemeinsam veranlagten Paaren: Haben sie kein weiteres Einkommen, fallen keine Steuern an. Das gilt sogar, wenn die Renten höher sind. Sie müssen erst dann Steuern zahlen, wenn die Freibeträge beider Ehepartner überschritten werden.

Sonderfall betriebliche Altersversorgung

Stammt die Berufsunfähigkeitsrente aus einer betrieblichen Zusatzversorgung oder aus einer per Entgeltumwandlung gespeisten Direktversicherung, ist sie bereits heute zu 100 Prozent steuer- und sozialabgabenpflichtig.

Insbesondere wenn außerdem noch eine gesetzliche Erwerbsminderungsrente bezogen wird, kann es auch heute bereits dazu kommen, dass effektiv Steuern gezahlt werden müssen.

Fazit: Derzeit ist die Steuerlast noch kein zentrales Problem für Erwerbsminderungs- und Berufsunfähigkeitsrentner. Zwar sind die Renten im Prinzip steuerpflichtig, aber unterm Strich ist die Steuerlast gering. Schon in wenigen Jahren dürfte sich das aber ändern.

Besonders betroffen sind alle, die eine sehr hohe private Berufsunfähigkeitsrente vereinbart haben, schon in jungen Jah-

Besteuerung der Berufsunfähigkeitsrente nach Ertragsanteil

Berufsunfähigkeitsrenten werden nach § 55 Absatz 2 Einkommensteuer-Durchführungsverordnung (EStDV) abhängig von der voraussichtlichen Laufzeit mit dem Ertragsanteil besteuert. Entscheidend ist deshalb zum Zeitpunkt des Rentenbeginns: Wie viele Jahre Leistungsdauer verbleiben noch?

So lesen Sie die Tabelle: Sind Sie 50 Jahre alt und haben eine Rentenlaufzeit bis zum 65. Geburtstag vereinbart, schauen Sie unter „verbleibende Laufzeit" = 15 Jahre und finden einen Ertragsanteil von 16 Prozent. Das heißt nicht, dass Sie von Ihrer Rente 16 Prozent Steuern zahlen müssen. Vielmehr werden 16 Prozent der Rente der Steuer unterworfen. Wie viel Steuern Sie dann tatsächlich abführen müssen, hängt von zahlreichen weiteren Faktoren wie Familienstand, Freibeträgen, außergewöhnlichen Belastungen und vor allem Ihren zusätzlichen steuerwirksamen Einnahmen und Ausgaben ab.

VERBLEIBENDE LAUFZEIT DER RENTE	ERTRAGSANTEIL (= steuerpflichtiger Anteil der Berufsunfähigkeitsrente)	VERBLEIBENDE LAUFZEIT DER RENTE	ERTRAGSANTEIL (= steuerpflichtiger Anteil der Berufsunfähigkeitsrente)
1 Jahr	0 %	24 Jahre	25 %
2 Jahre	1 %	25 Jahre	26 %
3 Jahre	2 %	26 Jahre	27 %
4 Jahre	4 %	27 Jahre	28 %
5 Jahre	5 %	28 Jahre	29 %
6 Jahre	7 %	29 Jahre	30 %
7 Jahre	8 %	30 Jahre	30 %
8 Jahre	9 %	31 Jahre	31 %
9 Jahre	10 %	32 Jahre	32 %
10 Jahre	12 %	33 Jahre	33 %
11 Jahre	13 %	34 Jahre	34 %
12 Jahre	14 %	35 Jahre	35 %
13 Jahre	15 %	36 Jahre	35 %
14 Jahre	16 %	37 Jahre	36 %
15 Jahre	16 %	38 Jahre	37 %
16 Jahre	18 %	39 Jahre	38 %
17 Jahre	18 %	40 Jahre	39 %
18 Jahre	19 %	41 Jahre	39 %
19 Jahre	20 %	42 Jahre	40 %
20 Jahre	21 %	43 Jahre	41 %
21 Jahre	22 %	44 Jahre	41 %
22 Jahre	23 %	45 Jahre	42 %
23 Jahre	24 %		

ren berufsunfähig werden, gleichzeitig eine gesetzliche oder berufsständische Erwerbsminderungsrente beziehen und über zusätzliche Einkünfte (zum Beispiel aus Vermietung) verfügen. Wer eine Berufsunfähigkeitsrente aus der betrieblichen Altersversorgung bezieht, muss diese schon heute zu 100 Prozent versteuern.

Sozialabgaben auf Erwerbsminderungs- und Berufsunfähigkeitsrenten

Noch schmerzhafter als die Steuern können sich die Beiträge für Krankenkasse und Pflegeversicherung auswirken. Das gilt insbesondere für freiwillig Versicherte in der gesetzlichen Krankenversicherung. Privat Versicherte sind davon nicht betroffen.

Gesetzliche Erwerbsminderungsrente

Gesetzlich Versicherte zahlen den vollen Pflege- und den halben allgemeinen Krankenversicherungsbeitragssatz in Höhe von 7,3 Prozent sowie den kassenindividuell erhobenen Zusatzbeitrag von derzeit durchschnittlich 1,1 Prozent (Stand 2016).

Private Berufsunfähigkeitsrente

Für Pflichtversicherte in der gesetzlichen Krankenversicherung bleiben private Berufsunfähigkeitsrenten komplett beitragsfrei. Freiwillig Versicherte müssen hingegen den vollen Beitragssatz sowohl für die Kranken- als auch die Pflegeversicherung zahlen. Allerdings gilt hier in der Krankenversicherung der um 0,6 Prozentpunkte ermäßigte Beitragssatz von 14,0 Prozent plus Zusatzbeitrag je nach Krankenkasse.

Hinweis: Auch während des Berufslebens freiwillig Versicherte in der gesetzlichen Krankenversicherung können als Rentner Beitragsfreiheit für ihre Berufsunfähigkeitsrente erreichen.

Voraussetzung: Sie müssen als Rentner pflichtversichert werden. Dies ist möglich, wenn sie neben der privaten Berufsunfähigkeitsrente eine gesetzliche Erwerbsminderungs- oder Altersrente beziehen und in der zweiten Hälfte ihres Berufslebens zu 90 Prozent gesetzlich krankenversichert gewesen sind.

Riester-Rente

Von Riester-Renten sind in der Regel keine gesetzlichen Kranken- und Pflegeversicherungsbeiträge fällig. Es gibt zwei Ausnahmen: Freiwillig Versicherte zahlen den vollen ermäßigten Beitragssatz. Für betriebliche Riester-Renten besteht volle Beitragspflicht (allgemeiner Beitragssatz) – egal, ob es sich um Pflichtversicherte oder freiwillig Versicherte handelt.

Exorbitant teuer

Versicherungsberater Rüdiger Falken warnt davor, sich von den Steuersparmöglichkeiten blenden zu lassen und die Berufsunfähigkeit über einen Rürup-Vertrag abzusichern: „Das ist meines Erachtens ein unsinniges Produkt, das den Schutz nur exorbitant verteuert. Zwar können Sie die Beiträge teilweise von der Steuer absetzen, doch dafür müssen Sie später die Rente nahezu voll versteuern. Unterm Strich müssen Sie deshalb – wenn Sie die Berufsunfähigkeit über eine Rürup-Rente versichern – eine um rund 30 Prozent höhere Rente vereinbaren. Außerdem ist der Vertrag bindend an eine völlig unflexible zusätzliche Altersversorgung gekoppelt. Das macht es noch mal teurer. Ich rate meinen Mandanten davon ab.“

Rürup-Rente

Pflichtversicherte müssen von der Rürup-Rente keine Beiträge zahlen. Freiwillig Versicherte zahlen den vollen ermäßigten Beitragssatz.

Berufsunfähigkeitsrente aus betrieblicher Altersversorgung

Stammt die Rente aus einer betrieblichen Altersversorgung, sind die vollen Kranken- und Pflegeversicherungsbeiträge fällig, egal, ob der Rentenbezieher in der gesetzlichen Krankenversicherung freiwillig oder pflichtversichert ist.

Das sind zusammen durchschnittlich 18,05 Prozent (Kinderlose: 18,3 Prozent). Bei einer Jahresrente von 12.000 Euro macht das einen Abzug von 2.166 Euro (Kinderlose: 2.196 Euro) aus.

Steuern und Sozialabgaben auf Berufsunfähigkeits- und Erwerbsminderungsrenten

RENTENART	STEUERPFLICHT	BEITRÄGE IN GESETZLICHE KRAN-KEN-UND PFLEGEVERSICHERUNG
Erwerbsminderungs-rente	JA schrittweise Einführung der vollen nachgelagerten Steuer (→ Tabelle Seite 138)	JA Krankenversicherung: halber allgemeiner Beitragssatz (plus kassenindividueller Zusatzbeitrag). Pflegeversicherung: voller Beitragssatz.
private Berufs-unfähigkeitsrente	JA nach Ertragsanteilen, abhängig von Rentenlaufzeit (→ Tabelle Seite 141)	JA bei freiwillig Versicherten: voller Beitragssatz in Kranken- und Pflegeversicherung. NEIN bei Pflichtversicherten.
Riester-Rente	JA sofort volle Steuerpflicht	JA bei freiwillig Versicherten: voller Beitragssatz in Kranken- und Pflegeversicherung. NEIN bei Pflichtversicherten (Ausnahme: betriebliches Riestern).
Basis- oder Rürup-Rente	JA schrittweise Einführung der vollen nachgelagerten Steuer (→ Tabelle Seite 138)	JA bei freiwillig Versicherten: voller Beitragssatz in Kranken- und Pflegeversicherung. NEIN bei Pflichtversicherten.
betriebliche Berufs-unfähigkeitsrente	JA sofort volle Steuerpflicht	JA voller Beitragssatz in Kranken- und Pflegeversicherung

Die Zahlungen in Kranken- und Pflegeversicherung betreffen nur gesetzlich Versicherte. Privat Krankenversicherte zahlen unabhängig vom Eintritt einer Berufsunfähigkeit Beiträge in ihre private Krankenversicherung.

Alternativen zur
Berufsunfähigkeitsversicherung

Alle in diesem Kapitel aufgeführten „Alternativen"
sind nur zweitbeste Lösungen gegenüber einer Berufsunfähigkeitsversicherung mit guten Bedingungen.
Es gibt jedoch zahlreiche Personen, die eine Berufsunfähigkeitsversicherung entweder nur schwer, nur
zu einem unvertretbar hohen Preis oder gar nicht
abschließen können.

Zu diesen Personen gehören Schwerarbeiter wie Dachdecker, Risikoberufe wie Busfahrer, Musiker oder Menschen mit Vorerkrankungen. Vor allem für diese Gruppen
sind die im Folgenden vorgestellten Alternativen gedacht.

Erwerbsunfähigkeitsversicherung

Bei der privaten Erwerbsunfähigkeitsversicherung handelt es sich um ein der Berufsunfähigkeitsversicherung verwandtes Pro-

**Nahezu 100 Prozent
sind nötig**
Beate-Kathrin Bextermöller
von *Finanztest* urteilt: „Die
Erwerbsunfähigkeitsversicherung hat den Nachteil, dass Sie häufig
zu fast 100 Prozent erkrankt sein müssen,
um eine Leistung zu erhalten. Sie kann
allerdings ein Notnagel für Leute mit sehr
riskanten Berufen sein, die keinen Berufsunfähigkeitsschutz bekommen würden. Und als Berufsschutz taugt sie dann
allemal mehr als die Unfallversicherung."

dukt, doch der Versicherungsschutz einer Erwerbsunfähigkeitspolice ist weitaus schlechter.

Mit einer Berufsunfähigkeitspolice sichern Sie Ihren zuletzt ausgeübten Beruf finanziell ab und bekommen im Versicherungsfall eine Rente gezahlt, auch wenn Sie noch eine andere Tätigkeit ausüben könnten. Eine Erwerbsunfähigkeitsversicherung zahlt hingegen erst, wenn Sie so krank sind, dass Sie kaum noch arbeiten können. Während Sie eine Berufsunfähigkeitsrente in der Regel schon ab einer Einschränkung von 50 Prozent in Ihrem ausgeübten Beruf erhalten, liegen die Anforderungen für eine Rente wegen Erwerbsunfähigkeit weitaus höher. Je nach Versicherungsbedingungen dürfen Sie

Unterschätzt
„Die Erwerbsunfähigkeitsversicherung wird oft unter Wert gehandelt", ist der Versicherungsmakler Philip Wenzel überzeugt: „Es handelt sich für viele Personen um eine sehr brauchbare Second-best-Lösung. Im Gegensatz zu den anderen sogenannten Alternativen hat sie den unschätzbaren Vorteil, dass sie auch bei psychischen Leiden zahlt. Und anders als der BU-Schutz ist die Erwerbsunfähigkeitsversicherung auch für körperlich Tätige noch bezahlbar."

nur noch eine sogenannte Restarbeitsfähigkeit von weniger als drei Stunden pro Tag haben. Sie müssen also ganz erheblich behindert oder erkrankt sein, um diese Rente zu bekommen.

Verglichen mit der Berufsunfähigkeitsversicherung bietet die Erwerbsunfähigkeitsversicherung weniger Schutz, ist dafür aber auch preiswerter. Sie wird ähnlich wie die Berufsunfähigkeitsversicherung sowohl als eigenständige Police als auch in Kombination mit einer Risikolebensversicherung angeboten. Die Prämien liegen je nach Anbieter und Beruf 20 bis 70 Prozent unter denen einer Berufsunfähigkeitsversicherung. Bei Risikoberufen (Dachdecker, Maurer und ähnliche) ist die Ersparnis am höchsten.

Die Erwerbsunfähigkeitsversicherung ermöglicht es also vielen „Problemberufen", einen bezahlbaren Versicherungsschutz zu bekommen. Sinnvoll kann die Erwerbsunfähigkeitsversicherung auch für Studenten und Auszubildende sein. Aber nur dann, wenn der Versicherer eine Umwandlungsoption anbietet. Das heißt: wenn später ein Beruf ausgeübt wird, sollte die Erwerbs- in eine Berufsunfähigkeitsversicherung umgewandelt werden können – ohne neue Gesundheitsprüfung.

Manche Anbieter bieten Leistungen, wenn zwar noch keine Erwerbsunfähigkeit anerkannt wird, aber die gesundheitlichen Einschränkungen für eine Berufsunfähigkeit ausreichen würden. Dann gibt es eine Beitragsbefreiung oder eine zeitlich befristete Rente.

Keine Option stellt die Erwerbsunfähigkeitspolice für alle diejenigen dar, deren Beruf als vergleichsweise risikolos eingestuft wird. Der Preisunterschied zum Berufsunfähigkeitstarif ist in diesem Fall relativ gering, die Hürde für eine spätere Rente jedoch viel höher.

Dread-Disease-Versicherung

Übersetzt heißt Dread-Disease-Versicherung so viel wie „Schwere-Krankheiten"-Versicherung. Sie zahlt einen vertraglich festgelegten Geldbetrag, wenn eine bestimmte schwere Erkrankung zum Ausbruch gekommen ist, beispielsweise Multiple Sklerose. Berufs- oder Erwerbsunfähigkeit muss nicht eingetreten sein.

Als Vorteil gegenüber der Berufsunfähigkeitsversicherung wird gern herausgestellt, dass Fragen der Zumutbarkeit und Verweisung keine Rolle spielen. Ob der Versicherte noch weiter arbeitet, ist ohne Belang. Es zählt allein der Eintritt der Erkrankung. Somit bleibt für Ermessens- und Streitfragen weniger Raum als bei der Berufsunfähigkeitsversicherung. Außerdem wird bei der Dread-Disease-Versicherung in der Regel keine Monatsrente, sondern sofort die komplette Versicherungssumme ausgezahlt – und das sogar steuerfrei.

Allerdings gilt: Gerade wenn man schon frühzeitig erkrankt, reicht die versicherte Summe, beispielsweise 100.000 Euro, nicht für die Existenzsicherung. Der Betrag soll vielmehr dazu dienen, die bestmögliche Behandlung zu finanzieren und etwa erforderliche Umbauten im Haus oder am Auto durchführen zu können.

Nur eine Handvoll Versicherer bietet dieses Produkt auf dem deutschen Markt an. Jede Versicherung legt in ihren Tarifen fest, gegen welche Erkrankungen man sich versichern kann. Das sind beispielsweise Schlaganfall, Krebs, Herzinfarkt, Multiple Sklerose, Nierenversagen, Bypass-Operationen, fortgeschrittene Alzheimerkrankheit, fortgeschrittene Parkinson'sche Krankheit, Herzklappenoperation, schwere Verbrennungen, vollständiger und irreversibler Sprachverlust, Blindheit, Verlust von mehreren Gliedmaßen, Lähmung, Koma.

Versichert ein 30-Jähriger eine Summe von 100.000 Euro bis zum Alter 67, kostet das knapp 600 Euro jährlich. Soll die Absicherung im Ernstfall über einen längeren Zeitraum tragen, wäre wohl eine Summe von 300.000 Euro erforderlich – das kostet knapp 1.500 Euro jährlich. Für einen 40-Jährigen sind es sogar rund 2.500 Euro Jahresprämie. Vorteil für körperlich Tätige: Der ausgeübte Beruf spielt für die Tarifkalkulation der

Lotto ohne Hauptgewinn
Versicherungsberater Rüdiger Falken urteilt: „Ich warne vor einer Dread-Disease-Police als Alternative zur Berufsunfähigkeitsversicherung. Krankheiten wie Multiple Sklerose, Parkinson oder Erblindung klingen zwar furchtbar, doch die Wahrscheinlichkeit, dass Sie daran erkranken, ist klein. Dafür bleiben bei der Dread-Disease-Versicherung oft Krankheiten, die am häufigsten zur Berufsunfähigkeit führen, außen vor: psychische Leiden, Rheuma und Abnutzungen von Gelenken und Wirbelsäule. Dann gibt es kein Geld. Ganz gefährlich sind Verträge, die den Kanon der Erkrankungen auf gerade mal sechs bestimmte Erkrankungen reduzieren. Das ist dann ein makabres Lottospiel – ohne Hauptgewinn."

Dread-Disease-Police keine Rolle. Nachteil: Der Schutz ist nicht so umfassend wie bei der Berufsunfähigkeitsversicherung.

Gerade bei häufigen Krankheitsbildern wie psychischen Leiden, Rheuma oder schweren Erkrankungen des Bewegungsapparats steht ein Versicherter mit Dread-Disease-Police ohne Leistung da. Zwiespältig ist die Auszahlung der Versicherungsleistung in einer einzigen Summe. Tritt der Leistungsfall früh ein, kann das Geld für den Erkrankten schnell knapp werden. Beim Leistungsfall kurz vor Ende der Versicherungszeit ist die kapitalisierte Auszahlung jedoch ein Vorteil verglichen mit einer monatlichen Rentenzahlung, die möglicherweise nur noch für ein paar Monate fließen würde.

Eine Besonderheit bei Dread-Disease-Policen besteht darin, dass sich problemlos eine lebenslange Versicherungslaufzeit vereinbaren lässt. Verglichen mit einer Versicherungszeit bis zum 67. Lebensjahr kostet das rund 25 Prozent mehr Prämie.

Ein Risiko sind Angebote, die gegen Prämienreduktion nur sechs der oben genannten schweren Erkrankungen versichern. Da kann es passieren, dass der Versicherte am Ende die „falsche" schwere Krankheit bekommt und dann doch ohne Geld dasteht. Auch für Vorerkrankte stellt die Dread-Disease-Police keine Alternative dar. Sie haben ähnlich große Schwierigkeiten, einen Vertrag zu bekommen, wie bei einer Berufsunfähigkeitsversicherung.

Fazit: Eine Dread-Disease-Versicherung ermöglicht zwar im Krankheitsfall einen sauberen Nachweis ohne Expertenstreit, lässt aber einfach zu viele Lücken. Zudem ist sie, wenn man eine ausreichend hohe Versicherungssumme vereinbart, schlicht zu teuer.

Grundfähigkeiten-versicherung

Die Grundfähigkeitenversicherung knüpft weder an den Verlust der Arbeitskraft noch an das Eintreten einer bestimmten Krankheit an, entscheidend ist der Verlust einer oder mehrerer Grundfähigkeiten. Eine Rente bekommt, wer voraussichtlich mindestens drei Jahre lang nicht mehr in der Lage ist, eine Kardinalfähigkeit aus Kategorie A – sehen, sprechen oder Hände gebrauchen – auszuüben. Alternativ gibt es die Rente, wenn drei Fähigkeiten aus Kategorie B wegfallen: hören, gehen, Treppen steigen, knien, sitzen, stehen, greifen, Arme bewegen, heben und tragen, Auto fahren. Die Rente gibt es auch bei Erreichen der Pflegestufe 1.

Die Nachteile sind offenkundig: Geschwächte Krebs- oder HIV-Patienten würden keine Rente bekommen, auch psychische Erkrankungen zählen nicht, solange kein Verlust von Grundfähigkeiten vorliegt.

Ähnlich wie bei der Dread-Disease-Versicherung ist die Gefahr groß, dass der Versicherte im Ernstfall durch das grobe Raster rutscht und ohne Geld dasteht.

Die Prämien liegen deutlich unter dem Niveau einer Berufsunfähigkeitsversicherung. Will beispielsweise ein 30-jähriger Schreinermeister eine monatliche Rente von 1.000 Euro bis zum Endalter 67 versichern, kostet das beispielsweise bei Canada Life 380 Euro Jahresbeitrag. Ein gleich alter kaufmännischer Angestellter müsste 355 Euro zahlen. Etwas teurer ist die Premiumversion der Grundfähigkeitsversicherung. Hier wurden die Kategorien A und B zusammengefasst und um weitere Grundfähigkeiten wie Orientierung, Gleichgewichtssinn oder Auffassungsgabe erweitert. Es reicht, wenn nur ein Merkmal für voraussichtlich 12 Monate erfüllt ist. Für diesen deutlich verbesserten Schutz zahlt ein 30-jähriger Schreinermeister bei Canada Life 473 Euro und ein gleich alter kaufmännische Angestellter 399 Euro im Jahr.

Vorteil des Konzepts: Die Rente wird auch gezahlt, wenn der Erkrankte noch arbeitet. Außerdem wirken sich Risikoberufe in der Prämienkalkulation nicht so negativ aus wie bei der Berufsunfähigkeitsversicherung. Das Konzept könnte also eine Alternative für Risikokunden sein, die sich nicht gegen Berufsunfähigkeit versichern können.

Zu wenig Schutz
Versicherungsberater Rüdiger Falken meint: „Die Grundfähigkeitenpolice bietet im Verhältnis zum Beitrag zu wenig Schutz. Außerdem ist das ein Produkt mit ebenso harten Annahmerichtlinien. Es richtet sich also nur an Gesunde. Und gerade die sind mit einer Berufsunfähigkeitsversicherung besser bedient."

Unfallversicherung

Eine Unfallversicherung zahlt eine vereinbarte Versicherungssumme, wenn der Versicherte bei einem Unfall bleibende Schäden davonträgt. Bei Krankheiten zahlt sie nicht. Doch nur in rund 10 Prozent aller Fälle wird die Berufsunfähigkeit durch einen Unfall verursacht. Das bedeutet: Eine Unfallversicherung sichert Sie nur unzureichend gegen den Verlust Ihrer Arbeitskraft ab.

Dennoch kann es im Einzelfall Gründe für den Abschluss einer Unfallversicherung geben. Es gibt Personen mit erheblichen Vorerkrankungen und/oder Risikoberufen, die normalerweise keine Berufsunfähigkeitsversicherung bekommen. Eine Unfallversicherung können sie jedoch in der Regel problemlos abschließen. Damit haben Versicherte zumindest einen eingeschränkten Invaliditätsschutz. Auch Hausfrauen und Hausmänner könnten den Abschluss einer Unfallversicherung prüfen, denn sie bekommen nur schwer einen vernünftigen Berufsunfähigkeitsschutz (→ Seite 49). Und im Haushalt passieren viele Unfälle.

Eine Unfallversicherung zahlt allerdings nur, wenn nach einem Unfall ein dauerhafter körperlicher Schaden zurückbleibt. Die Versicherungsleistung hängt dann vom Grad der Invalidität ab, der in der sogenannten Gliedertaxe festgelegt wird: Der Verlust eines Zeigefingers wird beispielsweise mit 10 Prozent, der Verlust eines Armes (im Schultergelenk) mit 70 Prozent veranschlagt.

Wie viel Geld die Unfallversicherung im Einzelfall auszahlt, hängt davon ab, wie hoch die Versicherungssumme ist und ob Sie einen linearen oder progressiven Tarif gewählt haben. Lineare Tarife sind billiger, doch Verbraucherschützer empfehlen einen progressiven Tarif. Bei kleinen Schäden erhalten Sie dann zwar relativ wenig Geld, bei schweren Unfallfolgen bekommen Sie aber besonders viel ausgezahlt.

Das ist sinnvoll, denn voraussichtlich müssen Sie nur bei schweren Behinderungen Ihr Leben neu organisieren und erhebliche Kosten aufwenden. Allerdings sollten Sie darauf achten, dass Sie auch bei geringen Invaliditätsgraden, also 15 oder 20 Prozent, eine nennenswerte Summe erhalten, zum Beispiel 10.000 Euro, damit Sie zum Beispiel den behindertengerechten Umbau Ihres Autos finanzieren können.

Wenig sinnvoll erscheint dagegen die Variante Unfallversicherung mit Beitragsrückgewähr. Hier wird damit geworben, dass Ihnen am Ende der Laufzeit die eingezahlten Beiträge zurückerstattet werden. Dies ist eine teure und unsinnige Verknüpfung der Versicherung mit einem Sparvorgang. Es muss Ihr Ziel sein, sich optimal gegen das Invaliditätsrisiko abzusichern und dafür möglichst wenig Prämie zu zahlen.

Sie bekommen eine preiswerte Unfallversicherung mit einer Versicherungssumme von 100.000 Euro schon für weniger als 150 Euro Jahresprämie. Die zahlt bei 100-prozentiger Invalidität und einer Progressionsstufe von 500 Prozent 500.000 Euro. Bei Unfallversicherungen sind Preisvergleiche dringend anzuraten. Denn bei teuren Anbietern zahlen Sie für denselben Schutz bis zu 300 Euro Jahresprämie, also mehr als das Doppelte.

Funktionsinvaliditätsversicherung

Die neueste „Alternative" am Markt ist ein Zungenbrecher: Funktionsinvaliditätsversicherung. Dahinter verbirgt sich eine Mischung aus Unfall-, Schwere-Krankheiten- und Grundfähigkeitenversicherung. Vermutlich preisen es die Vertreter als das Optimum aus den drei zu Grunde liegenden Produkten. Doch es ist wie immer: Solche Kombinationen haben Vorteile, aber auch eine Menge Nachteile. So bietet die Funktionsinvaliditätsversicherung zwar eine Rente, egal ob ein Unfall, eine schwere Krankheit oder der Verlust einer Grundfähigkeit eingetreten ist.

Nur: Jeder der drei Teilbereiche sichert Sie deutlich schlechter ab, als wenn Sie sich für eines der Spezialprodukte entschieden hätten. Es sind also weniger schwere Krankheiten und Grundfähigkeiten versichert als bei den Originalprodukten. Als Vorteil im Ver-

Durch den Rost gefallen!
Axel Kleinlein vom Bund der Versicherten sieht die bisherigen Ersatzlösungen skeptisch: „Die sogenannten Alternativen sind eigentlich keine wirklichen Alternativen. Die Unfallversicherung leistet lediglich nach einem Unfall, die Erwerbsunfähigkeitsversicherung nur, wenn Sie gar keinen Beruf mehr ausüben können, und bei Dread-Disease-Policen kann man viel zu leicht durch den Rost fallen. Was ist, wenn gerade die Krankheit, die Sie haben, nicht mitversichert ist?"

gleich mit einer Berufsunfähigkeitsversicherung wird hervorgehoben, dass Vorerkrankungen und riskante Berufe eine geringere Rolle spielen und der Preis etwas niedriger ausfällt. Negativ ist hingegen die sehr harte Prüfung im Leistungsfall. Die Schäden müssen dauerhaft und nicht heilbar sein. Dennoch sind die Zahlungen zunächst auf drei Jahre beschränkt. Bei Krebs zahlen viele Anbieter maximal fünf Jahre lang die Rente. Der wohl gravierendste Nachteil gegenüber der BU-Versicherung: Bei der Berufsunfähigkeitsursache Nr. 1, psychische Leiden, bekommt man nichts. Unterm Strich bietet dieser Neuling unter den BU-Alternativen also mehr Schein als Sein – keine gute Absicherung.

Versicherungsberatung –
Unabhängigkeit zählt

Guter Rat ist leider nicht umsonst, bei einer so wichtigen Versicherung aber von großer Bedeutung. Was wirklich zählt, sind Qualität und Unabhängigkeit.

Verbraucherzentralen

Unabhängige Beratung bekommen Sie bei der Versicherungsberatung der Verbraucherzentralen. Für die ausführliche persönliche Beratung müssen Sie einen Termin machen, die Kosten für eine halbe Stunde betragen 40 Euro. Tipps und Informationen zu aktueller Gesetzgebung und Rechtsprechung erhalten Sie unter www.verbraucherzentrale.de und www.vzbv.de. Dort finden Sie auch einen Link, um zu der Verbraucherzentrale Ihres Bundeslands zu kommen (Adressen → Seite 174).

Eine telefonische Versicherungsberatung erhalten Sie beispielsweise bei der Verbraucherzentrale NRW unter 0900-1-89 79 60 für 1,86 Euro/Minute aus dem Festnetz, Mobilfunkpreise ggf. abweichend, donnerstags von 10 bis 12 Uhr. Auch eine Rechtsberatung und die außergerichtliche Vertretung erhalten Sie kostenpflichtig von der Verbraucherzentrale.

Versicherungsberater

Versicherungsberater dürfen keine Versicherungen vermitteln und auch keine Provisionen kassieren, sondern beraten in Versicherungsfragen gegen ein Honorar. Sie sind folglich wirklich unabhängig – aber auch nicht ganz billig: Pro Stunde müssen Sie mit 100 bis 150 Euro rechnen. Da die Berater unterschiedlich verfahren, manche rechnen strikt nach halben oder vollen Stunden ab, andere verlangen eine Pauschale pro Beratung, sollten Sie die Honorarhöhe vorher abklären.

Die Versicherungsberater haben meist Spezialgebiete. Klären Sie deshalb im Vorfeld, ob sich der Versicherungsberater auch tatsächlich im Bereich der Berufsunfähigkeitsversicherungen optimal auskennt. Nachteil: Bundesweit gibt es nur rund 300 Versicherungsberater. Eine Übersicht finden Sie unter www.bvvb.de

Bund der Versicherten

Beratung zu privaten Versicherungen leistet auch der „Bund der Versicherten e. V." (BdV, Adresse → Seite 174) gegen einen Jahresbeitrag von 60 Euro. Mitglieder bekommen bei der Suche nach einer Berufsunfähigkeitsversicherung eine Liste derjenigen Versicherer, die gute Versicherungsbedingungen bieten und zu den Vorgaben des Interessenten passen. Zusätzlich können Mitglieder von günstigen Gruppenversicherungen profitieren.

Versicherungsmakler

Für den Kunden kostenlos werden Versicherungsmakler tätig. Das gilt aber nur vordergründig, da der Makler von der Provision lebt, die am Ende über die Versicherungsprämie natürlich doch der Kunde zahlt.

Makler arbeiten mit vielen Versicherungsgesellschaften zusammen, suchen die für den Kunden optimale Versicherung aus und vermitteln diese dann auch. Es liegt nahe, dass der Makler gern Produkte vermittelt, für die er eine hohe Provision erhält.

Streng genommen schließen Sie als Kunde einen Beratungs- und Vermittlungsvertrag mit dem Makler. Das eröffnet Ihnen im Fall einer schlechten oder sogar falschen Beratung einen direkten Anspruch gegen den Makler. Wenn ein Makler Ihnen einen Vertrag vermittelt, der offenkundig an Ihren Bedürfnissen vorbeigeht, ist er schadenersatzpflichtig. Verzichten Sie deshalb keinesfalls auf das seit 2008 für alle Versicherungsvermittlungen vorgeschriebene Beratungsprotokoll. Dort wird unter anderem festgehalten, welche Vorgaben Sie dem Vermittler gemacht haben, was er Ihnen vorgeschlagen hat und wie er seine Auswahl zugunsten eines bestimmten Produkts begründet. Falls es später zu einem Rechtsstreit kommen sollte, kann das Protokoll wertvoll sein.

Versicherungsvertreter

Anders sieht die Rechtslage beim klassischen Versicherungsvertreter aus. Ganz gleich, ob es sich dabei um einen Mehrfachagenten oder um einen Einfirmenvertreter handelt, über den noch immer die meisten Versicherungsverträge abgeschlossen werden: Ein solcher Vertreter berät und handelt eindeutig im Auftrag der Versicherung. Diese bezahlt ihn in der Regel durch ein Grundgehalt plus Provision. Damit ist die Interessenlage klar.

Als Kunde schließen Sie einen Vertrag mit der Versicherung und nicht mit dem Vertreter. Damit müssen Sie sich bei Beschwerden auch allein an die Versicherung wenden, während Sie sich im Unterschied hierzu bei einem über den Makler abgeschlossenen Vertrag auch direkt an Ihren Makler halten können. Dies führt dazu, dass ein Versicherungsvertreter für das, was er Ihnen verspricht, so gut wie nie haften muss. Dafür haftet die Versicherung theoretisch für alles, was der Vertreter Ihnen zusagt. Problem: Die Zusagen

§ URTEIL

Schwierige Beweislage

Eigentlich haftet die Versicherung für all das, was ein Vertreter Ihnen zusichert. Das hat der Bundesgerichtshof bereits am 11. November 1987 in seiner berühmten „Auge-und-Ohr-Entscheidung" klargestellt und später mehrfach bekräftigt: „Bei der Entgegennahme eines Antrages auf Abschluss eines Versicherungsvertrages steht dem Antragssteller der empfangsbevollmächtigte Vermittlungsagent als das Auge und Ohr des Versicherers gegenüber. Was ihm mit Bezug auf die Antragsstellung gesagt und vorgelegt wird, ist dem Versicherer gesagt und vorgelegt worden." Dies hat sogar Eingang ins neue Versicherungsvertragsgesetz (VVG) gefunden: In § 70 wird die Kenntnis des Vertreters der Kenntnis des Versicherungsunternehmens gleichgestellt. Das Problem ist und bleibt jedoch die Beweisfrage. Der Vertreter wird, wenn es später zum Streit kommt, möglicherweise gemachte Zusicherungen abstreiten. Gut ist, wenn man Zeugen dabei hat und darauf achtet, dass möglichst viele Details im Beratungsprotokoll festgehalten werden.

des Vertreters lassen sich später meist nur schwer beweisen. Bestehen Sie deshalb unbedingt auf das Beratungsprotokoll, das bei jeder Versicherungsvermittlung seit 2008 vorgeschrieben ist.

Strukturvertriebe

Als Strukturvertriebe gelten unter anderem Organisationen wie die Deutsche Vermögensberatung (DVAG), OVB, Ergo Pro oder Swiss Life Select. Sie sind oft im Besitz von einem oder mehreren Versicherungsunternehmen und vermitteln vorrangig deren Produkte oder solche ausgewählter Kooperationspartner. Ihre Mitarbeiter sind meist nicht fest angestellt, sondern leben von den Provisionen der vermittelten Versicherungen. Sie werben, oft getarnt unter dem Titel einer „objektiven" Finanz- und Versicherungsberatung, zunächst mit einer „kostenlosen" Analyse Ihrer Finanzlage und Ihres Versicherungsstatus. Es folgen dann schnell Vorschläge, wie Sie Ihre alten Versicherungen und Geldanlagen kündigen und durch neue Verträge aus dem Angebot des Strukturvertriebs ersetzen sollten. Dabei werden die Kunden durch den „Finanzberater" nicht selten massiv zum Abschluss gedrängt.

Die Gefahr ist, dass Kunden ihr Geld für überteuerte oder nicht bedarfsgerechte Finanzprodukte ausgeben. Der „Finanzberater" kennt nach der Eingangsanalyse den finanziellen Spielraum des Kunden genau und schöpft diesen häufig gnadenlos aus. Bereits kleinste Engpässe können den Kunden dann in arge Bedrängnis bringen.

Anhang

Tabellen

→

Sehr gute Tarife (SBU und BUZ) und Leistungsquoten

Die folgenden Tabellen zeigen Ihnen, welche Tarife als sehr gut bewertet wurden (Ratingagentur Morgen & Morgen) und was sie kosten. Die Modellkunden sind ein kaufmännischer Angestellter, also ein typischer Schreibtischberuf und ein Elektriker als Vertreter eines etwas riskanteren Berufs mit hohem Anteil körperlicher Tätigkeit. Das heißt: Je nach Risiko des Berufs kann es noch preiswerter oder deutlich teurer werden. Beachten Sie auch: Die Prämienkalkulation setzt Optimalbedingungen voraus, also Versicherte ohne Vorerkrankungen und Risikozuschläge. Im Falle der BUZ-Tabellen darüber hinaus Versicherte mit optimalem Body-Mass-Index (BMI). Als Zahlweise sind Jahresprämien gewählt, die jährlich im Voraus entrichtet werden. Dies ist günstiger als eine monatliche Zahlweise.

Selbstständige Berufsunfähigkeitsversicherung (SBU) für einen 30-jährigen kaufmännischen Angestellten

Nichtraucher, kaufmännischer Angestellter (100% kaufmännisch tätig), Eintrittsalter 30, Endalter 67, garantierte monatliche BU-Rente 1.000 Euro, jährl. Zahlweise, Überschusssystem Sofortrabatt, 5 Sterne im M&M BU-Rating; sortiert nach jährl. Zahlbeitrag; Beiträge auf 1 Euro gerundet

GESELLSCHAFT	TARIF	JÄHRL. MAXIMAL-BEITRAG (EURO)	JÄHRL. ZAHL-BEITRAG (EURO)
Europa	E-B1 Premium	836	502
Nürnberger	SBU2800C	765	513
ERGO Leben	BUV316001Z	758	523
Basler	Basler BP	715	536
Swiss Life KR.BU	KlinikRente.BU (Tarif 134)	897	538
Swiss Life MR.BU	BU (Tarif 130)	897	538
AXA	ALVSBV, BG 1* bis 3-	812	540
VHV Leben	BU-Exklusiv (VGBS-Plus)	832	541
Dialog	SBU-professional	679	543
Swiss Life	BU (Tarif 943)	925	559
Gothaer	BU15 T (Premium) - Familie	900	561
Zurich Dt. Herold	BerufsunfähigkeitsVorsorge Bestand, BG 1-3	881	564
Dialog	SBU-professional, Erweiterte Bed.	712	570
Continentale	B1, BUV Premium	955	573
Swiss Life KR.BU	KlinikRente.BU care (Tarif 134)	961	576
Swiss Life MR.BU	BU care (Tarif 130)	961	576
Alte Leipziger	SecurAL LBV10	813	585
Zurich Dt. Herold	BerufsunfähigkeitsVorsorge, BG 1-3	927	593
Alte Leipziger	SecurAL BV10	825	594

→

→ Selbstständige Berufsunfähigkeitsversicherung (SBU) für einen 30-jährigen kaufm. Angestellten			
GESELLSCHAFT	TARIF	JÄHRL. MAXIMAL- BEITRAG (EURO)	JÄHRL. ZAHL- BEITRAG (EURO)
HDI	EGO Top BV15	793	595
Dialog	SBU-professional, Pflegeoption	733	597
Swiss Life	BU care (Tarif 943)	989	597
Zurich Dt. Herold	Berufskasko, BG 1-3	811	608
Gothaer	BU15 T (Premium)	900	622
Dialog	SBU-professional, Pflegeoption, Erweiterte Bed.	766	624
Basler	Basler BP + Pflege	818	624
HanseMerkur	SBU 2015 M	819	631
Allianz	BerufsunfähigkeitsPolice Plus OBUU	755	634
Volkswohl Bund	SBU	960	653
Continentale	B1, BUV Premium mit Plus-Paket	1.098	659
Nürnberger	SBU2800P	984	659
LV 1871	Golden SBU Familie	1.222	660
LV 1871	Golden SBU	1.282	692
Continentale	B1, BUV Premium mit Pflege-Paket	1.184	711
InterRisk	ABV XL	1.094	711
AachenMünchener	BU	1.137	716
die Bayerische	BU PROTECT Komfort (15709)	1.028	720
Generali	SBUM 15 (Tarifstufe N)	1.042	767
IDUNA Leben	Comfort Berufsunfähigkeitsversicherung, Premium BUV	1.242	776
die Bayerische	BU PROTECT Komfort (15709) mit Pflege-absicherung	1.097	779
Allianz	BerufsunfähigkeitsPolice Plus OBUUPS	959	791
Stuttgarter	BUV-Plus (Tarif 91)	1.199	791

→

GESELLSCHAFT	TARIF	JÄHRL. MAXIMAL-BEITRAG (EURO)	JÄHRL. ZAHL-BEITRAG (EURO)
Continentale	B1, BUV Premium mit Pflege- und Plus-Paket	1.328	797
Volkswohl Bund	SBU+ mit Pflege-Schutzbrief	1.152	798
R+V	BV	1.164	815
die Bayerische	BU PROTECT Komfort plus (16729)	1.132	815
InterRisk	ABV XXL	1.263	821
Barmenia	SoloBU	1.186	830
Condor	C80 Comfort	1.191	833
LV 1871	Golden SBU Familie mit Pflegepaket	1.431	843
uniVersa	7401 SBU	1.308	850
die Bayerische	BU PROTECT Komfort plus (16729) mit Pflege-absicherung	1.202	875
LV 1871	Golden SBU mit Pflegepaket	1.492	876
DEVK-Allgemeine	N BU	1.308	889
Provinzial Rheinland	Top-SBV (Tarif 49)	1.219	914
Barmenia	BU PflegePlus	1.335	934
uniVersa	7401 SBU PFLEGEplus 100%	1.440	948
Stuttgarter	BUV-Plus (Tarif 91), PflegeSofortSchutz (PZV, WOZV)	1.370	957
die Bayerische	BU PROTECT Prestige (16809)	1.229	959
SV Leben	Top-SBV	1.552	978
Württembergische	BURV	1.378	997
die Bayerische	BU PROTECT Prestige (16809) mit Pflege-absicherung	1.298	1.018
WWK	SBU Komfort (BS06)	1.395	1.032
Debeka	BV-T	1.738	1.303

→ Selbstständige Berufsunfähigkeitsversicherung (SBU) für einen 30-jährigen kaufm. Angestellten

Quelle: MORGEN & MORGEN GmbH, Stand MMOffice 3.29.001, April 2016, ID L16008

Selbstständige Berufsunfähigkeitsversicherung (SBU) für einen 30-jährigen Elektriker

Nichtraucher, Elektriker (100 % körperlich tätig), Eintrittsalter 30, Endalter 65, garantierte monatliche BU-Rente 1.000 Euro, jährl. Zahlweise, Überschusssystem Sofortrabatt, 5 Sterne im M&M BU-Rating; sortiert nach jährl. Zahlbeitrag; Beiträge auf 1 Euro gerundet

GESELLSCHAFT	TARIF	JÄHRL. MAXIMAL-BEITRAG (EURO)	JÄHRL. ZAHL-BEITRAG (EURO)
Europa	E-B1 Premium	1.246	748
Gothaer	BU15 T (Premium) - Familie	1.265	784
Basler	Basler BP	1.060	795
ERGO Leben	BUV316001Z	1.167	805
Swiss Life KR.BU	KlinikRente.BU (Tarif 134)	1.278	831
Swiss Life MR.BU	BU (Tarif 130)	1.278	831
Barmenia	SoloBU	1.200	840
Continentale	B1, BUV Premium	1.419	851
Swiss Life	BU (Tarif 943)	1.322	860
Swiss Life KR.BU	KlinikRente.BU care (Tarif 134)	1.333	866
Swiss Life MR.BU	BU care (Tarif 130)	1.333	866
die Bayerische	BU PROTECT Komfort (15709)	1.238	866
Basler	Basler BP + Pflege	1.144	867
Gothaer	BU15 T (Premium)	1.265	870
Stuttgarter	BUV-Plus (Tarif 91)	1.326	875
Swiss Life	BU care (Tarif 943)	1.377	896
die Bayerische	BU PROTECT Komfort (15709) mit Pflege-absicherung	1.300	920
uniVersa	7401 SBU	1.423	925
HDI	EGO Top BV15	1.240	930
AXA	ALVSBV, BG 1* bis 3-	1.665	932

→

→ **Selbstständige Berufsunfähigkeitsversicherung (SBU) für einen 30-jährigen Elektriker**

GESELLSCHAFT	TARIF	JÄHRL. MAXIMAL-BEITRAG (EURO)	JÄHRL. ZAHL-BEITRAG (EURO)
Barmenia	BU PflegePlus	1.332	933
LV 1871	Golden SBU Familie	1.729	934
Nürnberger	SBU2800C	1.459	978
Continentale	B1, BUV Premium mit Pflege-Paket	1.631	979
Continentale	B1, BUV Premium mit Plus-Paket	1.631	979
LV 1871	Golden SBU	1.815	980
die Bayerische	BU PROTECT Komfort plus (16729)	1.364	982
HanseMerkur	SBU 2015 M	1.284	989
uniVersa	7401 SBU PFLEGEplus 100%	1.536	1.009
Stuttgarter	BUV-Plus (Tarif 91), PflegeSofortSchutz (PZV, WOZV)	1.488	1.032
die Bayerische	BU PROTECT Komfort plus (16729) mit Pflege-absicherung	1.427	1.036
Condor	C80 Comfort	1.493	1.045
DEVK-Allgemeine	N BU	1.587	1.079
R+V	BV	1.543	1.080
IDUNA Leben	Comfort Berufsunfähigkeitsversicherung, Premium BUV	1.567	1.097
Continentale	B1, BUV Premium mit Pflege- und Plus-Paket	1.844	1.107
LV 1871	Golden SBU Familie mit Pflegepaket	1.931	1.109
Württembergische	BURV	1.548	1.119
die Bayerische	BU PROTECT Prestige (16809)	1.456	1.136
Provinzial Rhein-land	Top-SBV (Tarif 49)	1.538	1.154
LV 1871	Golden SBU mit Pflegepaket	2.018	1.157

→

→ Selbstständige Berufsunfähigkeitsversicherung (SBU) für einen 30-jährigen Elektriker			
GESELLSCHAFT	TARIF	JÄHRL. MAXIMAL-BEITRAG (EURO)	JÄHRL. ZAHL-BEITRAG (EURO)
Nürnberger	SBU2800P	1.751	1.173
Generali	SBUM 15 (Tarifstufe N)	1.611	1.186
die Bayerische	BU PROTECT Prestige (16809) mit Pflege-absicherung	1.519	1.190
Alte Leipziger	SecurAL LBV10	1.669	1.202
Alte Leipziger	SecurAL BV10	1.683	1.212
Volkswohl Bund	SBU	1.648	1.253
AachenMünchener	BU	2.310	1.270
InterRisk	ABV XL	2.201	1.321
Zurich Dt. Herold	BerufsunfähigkeitsVorsorge Bestand, BG 1–3	1.857	1.356
SV Leben	Top-SBV	1.504	1.384
Volkswohl Bund	SBU+ mit Pflege-Schutzbrief	1.826	1.399
Allianz	BerufsunfähigkeitsPolice Plus OBUU	1.675	1.407
Zurich Dt. Herold	BerufsunfähigkeitsVorsorge, BG 1–3	1.962	1.432
Dialog	SBU-professional	1.865	1.492
InterRisk	ABV XXL	2.534	1.520
Dialog	SBU-professional, Pflegeoption	1.920	1.547
Zurich Dt. Herold	Berufskasko, BG 1-3	2.066	1.549
Allianz	BerufsunfähigkeitsPolice Plus OBUUPS	1.861	1.550
WWK	SBU Komfort (BS06)	2.106	1.559
Dialog	SBU-professional, Erweiterte Bed.	1.958	1.566
Dialog	SBU-professional, Pflegeoption, Erweiterte Bed.	2.012	1.621
VHV Leben	BU-Exklusiv (VGBS-Plus)	3.028	1.968

Quelle: MORGEN & MORGEN GmbH, Stand MMOffice 3.29.001, April 2016, ID L16009

Risikolebensversicherung mit Berufsunfähigkeitszusatzversicherung (BUZ) für einen 30-jährigen kaufmännischen Angestellten

Nichtraucher, kaufmännischer Angestellter im Innendienst (100% kaufmännisch tätig, optimaler BMI), Eintrittsalter 30, Endalter 67, Risiko mit BUZ, Versicherungsschutz 50.000 Euro, garantierte monatliche BU-Rente 1.000 Euro, jährl. Zahlweise, Überschusssystem HV/BUZ Sofortrabatt, 5 Sterne im M&M BU-Rating; sortiert nach jährl. Zahlbeitrag; Beiträge auf 1 Euro gerundet

GESELLSCHAFT	TARIF	JÄHRL. MAXIMAL-BEITRAG (EURO)	JÄHRL. ZAHL-BEITRAG (EURO)
Hannoversche Leben	T1, BR-Plus	969	478
Hannoversche Leben	T1 Plus, BR-Plus	1.050	509
Hannoversche Leben	T1 Exklusiv, BR-Plus	1.122	537
CosmosDirekt	CR, Comfort-Schutz	1.455	570
Dialog	RISK-vario konstant, BUZ	806	621
Dialog	RISK-vario Premium konstant, BUZ	819	629
AXA	ALVT2, BUZ BG 1* bis 3-	966	644
Dialog	RISK-vario konstant, BUZ (Erweiterte Bed.)	840	648
Nürnberger	N2801, BUZC	938	652
Dialog	RISK-vario Premium konstant, BUZ (Erweiterte Bed.)	853	656
Zurich Dt. Herold	Risikotop, BUZ BG 1-3	1.006	673
Dialog	RISK-vario konstant, Pflegeoption, BUZ	860	675
Dialog	RISK-vario Premium konstant, Pflegeoption, BUZ	873	683
Allianz	RisikoLebensversicherung LC0U, BUZ Vorsorge Plus	841	684
Continentale	T2 N/R, BUZ Premium	1.139	687
HUK-COBURG	WB, Premium-BUZ	1.523	694
Swiss Life	Risikoversicherung (Tarif 940), BUZ	1.119	695

→

**→ Risikolebensversicherung mit Berufsunfähigkeitszusatzversicherung (BUZ)
für einen 30-jährigen kaufmännischen Angestellten**

GESELLSCHAFT	TARIF	JÄHRL. MAXIMAL- BEITRAG (EURO)	JÄHRL. ZAHL- BEITRAG (EURO)
Dialog	RISK-vario konstant, Pflegeoption, BUZ (Erweiterte Bed.)	894	702
Dialog	RISK-vario Premium konstant, Pflegeoption, BUZ (Erweiterte Bed.)	907	710
Continentale	T2 Premium N/R, BUZ Premium	1.188	717
HUK-COBURG	WP, Premium-BUZ	1.547	731
HUK24	WB24, Premium-BUZ	1.493	733
Swiss Life	Risikoversicherung (Tarif 940), BUZ care	1.183	733
Gothaer	RKN8 (Plus) + BU2016 Familie	1.012	740
Volkswohl Bund	NLT Familie, BUZ	1.111	745
Gothaer	RKN8 (Plus) + BU2016	1.012	751
Volkswohl Bund	NLT, BUZ	1.111	764
Gothaer	RKP8 (Premium) + BU2016 Familie	1.051	779
HanseMerkur	T2015 M, BUZ	1.056	787
Gothaer	RKP8 (Premium) + BU2016	1.051	797
HDI	KL7PL, BUZ	1.128	826
Volkswohl Bund	NLT Familie, BUZ+ mit Pflege-Schutzbrief	1.264	865
AachenMünchener	RN, BUZ	1.357	870
Stuttgarter	T20, BUZ-Plus	1.319	882
Volkswohl Bund	NLT, BUZ+ mit Pflege-Schutzbrief	1.264	883
die Bayerische	15850/15851, Komfort-BUZ	1.270	884
IDUNA Leben	Comfort Risikolebensversicherung (RIV), Premium BUZ	1.455	904
Condor	C09 Comfort, Comfort BUZ	1.408	962

→

→ **Risikolebensversicherung mit Berufsunfähigkeitszusatzversicherung (BUZ)
für einen 30-jährigen kaufmännischen Angestellten**

GESELLSCHAFT	TARIF	JÄHRL. MAXIMAL-BEITRAG (EURO)	JÄHRL. ZAHL-BEITRAG (EURO)
Barmenia	PreRisk StarBUZ	1.375	982
LVM	K4, BUZ Plus	1.525	1:017
R+V	RG, BUZ	1.479	1.036
Württembergische	Risiko Kompakt, BUZ	1.445	1.040
Stuttgarter	T20, PflegeSofortSchutz (PZV, WOZV), BUZ-Plus	1.491	1.048
Württembergische	Risiko Premium, BUZ	1.488	1.068
Provinzial Rheinland	RisikoLeben Klassik (Tarif 64), Top-BUZ	1.437	1.071
DEVK-Allgemeine	N 8N/8Q Premium (mit Kind), BUZ (*)	1.659	1.097
DEVK Eisenbahn a.G.	L 8N/8Q Premium (mit Kind), BUZ (*)	1.686	1.116
DEVK-Allgemeine	N 8N/8Q Premium (Verheiratet ohne Kind), BUZ (*)	1.702	1.124
DEVK Eisenbahn a.G.	L 8N/8Q Premium (Verheiratet ohne Kind), BUZ (*)	1.729	1.142
DEVK-Allgemeine	N 8N/8Q Premium (ohne Kind), BUZ (*)	1.790	1.177
DEVK Eisenbahn a.G.	L 8N/8Q Premium (ohne Kind), BUZ (*)	1.816	1.195
WWK	Premium Risk (Tarif H06) (BUZ-R06) (**)	1.627	1.199
SV Leben	RU, Top-BUZ	1.764	1.248

(*) abweichende Versicherungssumme: 100.000 Euro
(**) abweichende Versicherungssumme: 75.000 Euro

Quelle: MORGEN & MORGEN GmbH, Stand MMOffice 3.29.001, April 2016, ID L16010

Risikolebensversicherung mit Berufsunfähigkeitszusatzversicherung (BUZ) für einen 30-jährigen Elektriker

Nichtraucher, Elektriker (100% körperlich tätig, optimaler BMI), Eintrittsalter 30, Endalter 65, Risiko mit BUZ, Versicherungsschutz 50.000 Euro, garantierte monatliche BU-Rente 1.000 Euro, jährl. Zahlweise, Überschusssystem HV/BUZ Sofortrabatt, 5 Sterne im M&M BU-Rating; sortiert nach jährl. Zahlbeitrag; Beiträge auf 1 Euro gerundet

GESELLSCHAFT	TARIF	JÄHRL. MAXIMAL-BEITRAG (EURO)	JÄHRL. ZAHL-BEITRAG (EURO)
CosmosDirekt	CR, Comfort-Schutz	1.568	615
Gothaer	RKN8 (Plus) + BU2016 Familie	1.175	935
Gothaer	RKN8 (Plus) + BU2016	1.175	946
Stuttgarter	T20, BUZ-Plus	1.429	953
HUK24	WB24, Premium-BUZ	1.642	964
Barmenia	PreRisk StarBUZ	1.363	971
Gothaer	RKP8 (Premium) + BU2016 Familie	1.215	975
Continentale	T2 N/R, BUZ Premium	1.623	978
Swiss Life	Risikoversicherung (Tarif 940), BUZ	1.490	979
HUK-COBURG	WB, Premium-BUZ	1.670	986
Gothaer	RKP8 (Premium) + BU2016	1.215	993
HUK-COBURG	WP, Premium-BUZ	1.690	1.010
Continentale	T2 Premium N/R, BUZ Premium	1.678	1.011
die Bayerische	15850/15851, Komfort-BUZ	1.455	1.014
Swiss Life	Risikoversicherung (Tarif 940), BUZ care	1.545	1.015
AXA	ALVT2, BUZ BG 1* bis 3-	1.599	1.022
Stuttgarter	T20, PflegeSofortSchutz (PZV, WOZV), BUZ-Plus	1.592	1.110
HanseMerkur	T2015 M, BUZ	1.493	1.127
Nürnberger	N2801, BUZC	1.656	1.134

→

→ **Risikolebensversicherung mit Berufsunfähigkeitszusatzversicherung (BUZ)**
für einen 30-jährigen Elektriker

GESELLSCHAFT	TARIF	JÄHRL. MAXIMAL-BEITRAG (EURO)	JÄHRL. ZAHL-BEITRAG (EURO)
Württembergische	Risiko Kompakt, BUZ	1.572	1.135
HDI	KL7PL, BUZ	1.545	1.141
Condor	C09 Comfort, Comfort BUZ	1.683	1.157
Württembergische	Risiko Premium, BUZ	1.611	1.160
LV 1871	R1 Familie, Golden BUZ	2.034	1.172
IDUNA Leben	Comfort Risikolebensversicherung (RIV), Premium BUZ	1.746	1.205
LV 1871	R1, Golden BUZ	2.122	1.220
DEVK Eisenbahn a.G.	L 8N/8Q Premium (mit Kind), BUZ (*)	1.833	1.221
DEVK Eisenbahn a.G.	L 8N/8Q Premium (Verheiratet ohne Kind), BUZ (*)	1.871	1.243
DEVK-Allgemeine	N 8N/8Q Premium (mit Kind), BUZ (*)	1.868	1.244
DEVK-Allgemeine	N 8N/8Q Premium (Verheiratet ohne Kind), BUZ (*)	1.906	1.267
R+V	RG, BUZ	1.828	1.279
Provinzial Rheinland	RisikoLeben Klassik (Tarif 64), Top-BUZ	1.721	1.285
DEVK Eisenbahn a.G.	L 8N/8Q Premium (ohne Kind), BUZ (*)	1.958	1.296
Volkswohl Bund	NLT Familie, BUZ	1.750	1.307
DEVK-Allgemeine	N 8N/8Q Premium (ohne Kind), BUZ (*)	1.994	1.321
Volkswohl Bund	NLT, BUZ	1.750	1.323
AachenMünchener	RN, BUZ	2.519	1.414
Volkswohl Bund	NLT Familie, BUZ+ mit Pflege-Schutzbrief	1.896	1.430
Zurich Dt. Herold	Risikotop, BUZ BG 1-3	1.934	1.446

→

→ **Risikolebensversicherung mit Berufsunfähigkeitszusatzversicherung (BUZ)**
für einen 30-jährigen Elektriker

GESELLSCHAFT	TARIF	JÄHRL. MAXIMAL-BEITRAG (EURO)	JÄHRL. ZAHL-BEITRAG (EURO)
Volkswohl Bund	NLT, BUZ+ mit Pflege-Schutzbrief	1.896	1.446
Hannoversche Leben	T1, BR-Plus	2.809	1.458
Allianz	RisikoLebensversicherung LC0U, BUZ Vorsorge Plus	1.795	1.474
Hannoversche Leben	T1 Plus, BR-Plus	2.890	1.490
Hannoversche Leben	T1 Exklusiv, BR-Plus	2.962	1.519
SV Leben	RU, Top-BUZ	1.682	1.544
Dialog	RISK-vario konstant, BUZ	1.987	1.568
Dialog	RISK-vario Premium konstant, BUZ	1.999	1.576
Dialog	RISK-vario konstant, Pflegeoption, BUZ	2.041	1.622
Dialog	RISK-vario Premium konstant, Pflegeoption, BUZ	2.053	1.630
Dialog	RISK-vario konstant, BUZ (Erweiterte Bed.)	2.080	1.643
Dialog	RISK-vario Premium konstant, BUZ (Erweiterte Bed.)	2.092	1.651
Dialog	RISK-vario konstant, Pflegeoption, BUZ (Erweiterte Bed.)	2.134	1.697
Dialog	RISK-vario Premium konstant, Pflegeoption, BUZ (Erweiterte Bed.)	2.147	1.705
Münchener Verein	21 Z, Premium-BUZ	2.784	1.707
WWK	Premium Risk (Tarif H06) (BUZ-R06) (**)	2.360	1.755

(*) abweichende Versicherungssumme: 100.000 Euro
(**) abweichende Versicherungssumme: 75.000 Euro

Quelle: MORGEN & MORGEN GmbH, Stand MMOffice 3.29.001, April 2016, ID L16011

Leistungsquoten

Die Werte zeigen in Prozent, wie viele von 100 gestellten Anträgen bei den jeweiligen Gesellschaften letztlich zur Zahlung einer BU-Rente führten.

GESELLSCHAFT	M&M BU-LEISTUNGS-QUOTE IN PROZENT	GESELLSCHAFT	M&M BU-LEISTUNGS-QUOTE IN PROZENT
AachenMünchener	71,1	HUK-COBURG	68,1
Allianz	82,3	IDUNA Leben	78,6
Alte Leipziger	73,5	LV 1871	71,1
AXA	82,3	LVM	72,3
Barmenia	68,2	Nürnberger	70,1
Basler	74,7	Provinzial NordWest	k.T.
Bayern Versicherung	80,0	Provinzial Rheinland	75,4
Continentale	71,5	R+V	82,2
CosmosDirekt	73,1	Standard Life	83,7
Debeka	79,3	Stuttgarter	71,9
Deutsche Ärztevers.	78,4	SV Leben	81,8
DEVK-Allgemeine	66,6	Swiss Life	74,2
ERGO Leben	k.A.	VGH Versicherungen	86,2
Familienfürsorge	67,0	Volkswohl Bund	72,4
Generali	77,2	VPV Lebensvers. AG	84,3
Gothaer	74,4	Württembergische	83,2
Hannoversche Leben	75,3	WWK	68,5
HanseMerkur	k.A.	Zurich Dt. Herold	71,7
HDI	80,9		

Nur Versicherer mit mind. 50.000 BU-Verträgen im Bestand (zum Stichtag 31.12.2014)
k.A. (keine Angabe): Wert liegt M&M vor, darf aber nicht veröffentlicht werden
k.T. (keine Teilnahme): Wert liegt M&M nicht vor

Quelle: MORGEN & MORGEN GmbH, Stand MMOffice 3.29.001, April 2016, ID L16014

Adressen

**Bundesverband der
Versicherungsberater e.V. (BVVB)**
Rheinweg 24
53113 Bonn
Telefon: 02 28/387 29 29
Telefax: 02 28/387 29 31
info@bvvb.de
www.bvvb.de

Bund der Versicherten e.V. (BdV)
Postfach 1153
24547 Henstedt-Ulzburg
Telefon: 0 41 93/9 42 22
Telefax: 0 41 93/9 42 21
info@bundderversicherten.de
www.bundderversicherten.de

Versicherungsombudsmann e.V.
Postfach 08 06 32
10006 Berlin
Telefon: 0800/3 69 60 00
Telefax: 0800/3 69 90 00
www.versicherungsombudsmann.de

VERBRAUCHER ALLGEMEIN

Stiftung Warentest
Lützowplatz 11–13
10785 Berlin
Telefon: 0 30/26 31-0
Telefax: 0 30/26 31-27 27
email@stiftung-warentest.de
www.test.de

**Verbraucherzentrale
Bundesverband e.V. (vzbv)**
Markgrafenstraße 66
10969 Berlin
Telefon: 0 30/2 58 00-0
Telefax: 0 30/2 58 00-2 18
info@vzbv.de
www.vzbv.de

ADRESSEN DER VERBRAUCHER-ZENTRALEN

**Verbraucherzentrale
Baden-Württemberg e.V.**
Paulinenstraße 47
70178 Stuttgart
Telefon: 07 11/ 66 91-10
Fax: 07 11/66 91-50
www.vz-bawue.de

Verbraucherzentrale Bayern e.V.
Mozartstraße 9
80336 München
Telefon: 0 89/5 39 87-0
Fax: 0 89/53 75 53
www.vz-bayern.de

Verbraucherzentrale Berlin e.V.
Hardenbergplatz 2
10623 Berlin
Telefon: 0 30/2 14 85-0
Fax: 0 30/2 11 72 01
www.vz-berlin.de

Verbraucherzentrale Brandenburg e.V.
Babelsberger Straße 12
14473 Potsdam
Telefon: 03 31/2 98 71-0
Fax: 03 31/2 98 71-77
www.vzb.de

Verbraucherzentrale Bremen e.V.
Altenweg 4
28195 Bremen
Telefon: 04 21/1 60 77-7
Fax: 04 21/1 60 77 80
www.verbraucherzentrale-bremen.de

Verbraucherzentrale Hamburg e.V.
Kirchenallee 22
20099 Hamburg
Telefon: 0 40/2 48 32-0
Fax: 0 40/2 48 32-290
www.vzhh.de

Verbraucherzentrale Hessen e.V.
Große Friedberger Straße 13–17
60313 Frankfurt/Main
Telefon: 0 69/97 20 10-900
Fax: 0 69/97 20 10-40
www.verbraucher.de

**Verbraucherzentrale
Mecklenburg-Vorpommern e. V.**
Strandstraße 98
18055 Rostock
Telefon: 03 81/2 08 70-50
Fax: 03 81/2 08 70-30
www.nvzmv.de

**Verbraucherzentrale
Niedersachsen e. V.**
Herrenstraße 14
30159 Hannover
Telefon: 05 11/9 11 96-0
Fax: 05 11/9 11 96-10
www.vz-niedersachsen.de

**Verbraucherzentrale
Nordrhein-Westfalen e. V.**
Mintropstraße 27
40215 Düsseldorf
Telefon: 02 11/38 09-0
Fax: 02 11/38 09-216
www.verbraucherzentrale.nrw

**Verbraucherzentrale
Rheinland-Pfalz e. V.**
Seppel-Glückert-Passage 10
55116 Mainz
Telefon: 0 61 31/28 48-0
Fax: 0 61 31/28 48-66
www.vz-rlp.de

**Verbraucherzentrale des
Saarlandes e. V.**
Trierer Straße 22
66111 Saarbrücken
Telefon: 06 81/5 00 89-0
Fax: 06 81/5 00 89-22
www.vz-saar.de

Verbraucherzentrale Sachsen e.V.
Katharinenstraße 17
04109 Leipzig
Telefon: 03 41/69 62 90
Fax: 03 41/6 89 28 26
www.vzs.de

**Verbraucherzentrale
Sachsen-Anhalt e. V.**
Steinbockgasse 1
06108 Halle
Telefon: 03 45/2 98 03-29
Fax: 03 45/2 98 03-26
www.vzsa.de

**Verbraucherzentrale
Schleswig-Holstein e. V.**
Andreas-Gayk-Straße 15
24103 Kiel
Telefon: 04 31/5 90 99-0
Fax: 04 31/5 90 99-77
www.vzsh.de

Verbraucherzentrale Thüringen e.V.
Eugen-Richter-Straße 45
99085 Erfurt
Telefon: 03 61/5 55 14-0
Fax: 03 61/5 55 14-40
www.vzth.de

ANBIETER VON BERUFSUNFÄHIGKEITS-VERSICHERUNGEN

**AachenerMünchener
Lebensversicherung AG**
AachenMünchener-Platz 1
52064 Aachen
Telefon: 02 41/45 6 0
Telefax: 02 41/4 564 510
service@amv.de
www.amv.de

Allianz Lebensversicherungs-AG
Reinsburgstraße 19
70178 Stuttgart
Telefon: 07 11/66 30
Telefax: 07 11/66 30
info@allianz.de
www.allianz.de

Alte Leipziger Lebensversicherung aG
Alte-Leipziger-Platz 1
61440 Oberursel
Telefon: 0 61 71/66 00
Telefax: 0 61 71/24 43 4
service@alte-leipziger.de
www.alte-leipziger.de

ARAG Lebensversicherungs-AG
Hollerithstraße 11
81829 München
Telefon: 0 89/41 24 01
Telefax: 0 89/41 24 25 25
service@arag.de
www.arag.de

AXA Lebensversicherung AG
Colonia-Allee 10–20
51067 Köln
Tel.: 0800/32 03 205
Fax: 0800/35 57 035
E-Mail: info@axa.de
www.axa.de

Barmenia Lebensversicherung a.G.
Barmenia-Allee 1
42119 Wuppertal
Telefon: 02 02/4 38 00
Telefax: 02 02/4 38 2846
info@barmenia.de
www.barmenia.de

Basler Versicherungen
Basler Straße 4
61345 Bad Homburg
Telefon: 0 61 72/12 52 20
Telefax: 0 61 72/13 54 56
info@basler.de
www.basler.de

**Bayern-Versicherung Lebens-
versicherung AG**
Maximilianstraße 53
80530 München
Telefon: 0 89/21 60 0
Telefax: 0 89/21 60 2714
service@vkb.de
www.vkb.de

**BBV Bayerische Beamten
Lebensversicherung aG**
Thomas-Dehler-Straße 25
81737 München
Telefon: 0 89/6 78 70
Telefax: 0 89/67 87 91 50
info@diebayerische.de
www.bbv.de

Concordia Lebensversicherung AG
Karl-Wiechert-Allee 55
30625 Hannover
Telefon: 05 11/57 01 0
Telefax: 05 11/57 01 14 00
versicherungen@concordia.de
www.concordia.de

**Condor Lebensversicherungs-
Aktiengesellschaft**
Admiralitätstraße 67
20459 Hamburg
Telefon: 0 40/36 139 990
Telefax: 0 40/36 139 991
kundenservice@condor-versicherungen.de
www.condor-versicherungen.de

Continentale Lebensversicherung aG
Baierbrunner Straße 31–33
81379 München
Telefon: 0 89/5 15 30
Telefax: 0 89/5 15 32 00
info@continentale.de
www.continentale.de

Cosmos Lebensversicherungs-Aktiengesellschaft
Halbergstraße 50–60
66101 Saarbrücken
Telefon: 06 81/9 66 66 66
Telefax: 06 81/9 66 66 33
info@cosmosdirekt.de
www.cosmosdirekt.de

DBV Deutsche Beamtenversicherung – Lebensversicherung AG
Frankfurter Straße 50
65189 Wiesbaden
Telefon: 0800/323207
info@dbv.de
www.dbv.de

Debeka Lebensversicherungsverein aG
Ferdinand-Sauerbruch-Straße 18
56058 Koblenz
Telefon: 0800/8 88 00 82 00
kundenservice@debeka.de
www.debeka.de

Deutsche Ärzteversicherung AG
(Heilberufe)
51171 Köln
Telefon: 02 21/148 227 00
Telefax: 02 21/148 214 42
service@aerzteversicherung.de
www.aerzteversicherung.de

DEVK Allg. Lebensversicherungs-AG
Riehler Straße 190
50735 Köln
Telefon: 0800/4 757 757
Telefax: 02 21/7 57 22 00
info@devk.de
www.devk.de

DEVK Deutsche Eisenbahn Versicherung Lebensversicherungsverein aG
(Beschäftigte D. DB u. ÖPVN)
→ DEVK Allg. Lebensversicherungs-AG

Dialog Lebensversicherungs-AG
Stadtberger Str. 99
86157 Augsburg
Telefon: 08 21/3 19 0
Telefax: 08 21/3 19 15 33
info@dialog-leben.de
www.dialog-leben.de

ERGO Versicherungsgruppe AG
Victoriaplatz 2
40477 Düsseldorf
Telefon: 0800/37 46 000
Telefax: 02 11/4 77 1500
kontakt@ergo.com
www.ergo.com

ERGO Direkt Lebensversicherung AG
Karl-Martell-Str. 60
90344 Nürnberg
Telefon: 0800/666 9000
Telefax: 0800/7011 111
beratung@ergodirekt.de

Europa Lebensversicherung AG
Piusstraße 137
50931 Köln
Telefon: 02 21/5 73 72 00
Telefax: 02 21/5 73 72 33
info@europa.de
www.europa.de

Familienfürsorge Lebensversicherung AG
im Raum der Kirchen
Doktorweg 2–4
32756 Detmold
Telefon 0800/2 153 456
Telefax 0800/2 875 653
info@vrk.de
www.vrk.de

Generali Lebensversicherung AG
Adenauerring 7
891731 München
Telefon: 0 89/51 21 37 37
Telefax: 0 89/51 21 10 00
service@generali.de
www.generali.de

Gothaer Lebensversicherung AG
Arnoldiplatz 1
50969 Köln
Telefon: 02 21/3 08 00
Telefax: 02 21/3 08 103
info@gothaer.de
www.gothaer.de

Hannoversche Lebensversicherung AG
VHV-Platz 1
30177 Hannover
Telefon: 05 11/9 56 56 56
Telefax: 05 11/9 56 56 66
service@hannoversche-leben.de
www.hannoversche-leben.de

HanseMerkur Lebensversicherung AG
Siegfried-Wedells-Platz 1
20354 Hamburg
Telefon: 0 40/4 11 94 400
Telefax: 0 40/41 19 32 57
leben@hansemerkur.de
www.hansemerkur.de

HDI Lebensversicherung AG
Charles-de-Gaulle-Platz 1
50679 Köln
Telefon: 02 21/144 55 99
Telefax: 02 21/144 3833
leben.service@hdi-gerling.de
www.hdi-gerling.de

Helvetia Schweizerische
Lebensversicherungs-AG
Direktion für Deutschland
Berliner Straße 56–58
60311 Frankfurt/M.
Telefon: 0 69/1 33 20
Telefax: 0 69/13 32 474
info@ Helvetia.de
www.helvetia.de

HUK 24 AG
Willi-Hussong-Straße 2
96450 Coburg
Telefon: 0 95 61/96 13 38
Telefax: 0 95 61/96 24 24
info@huk24.de
www.huk24.de

HUK-Coburg Lebensversicherung AG
Bahnhofsplatz
96450 Coburg
Telefon: 0800/153 153
Telefax: 0800/2153 486
info@huk-coburg.de
www.huk.de

Inter Lebensversicherung aG
Erzbergerstraße 9–15
68165 Mannheim
Telefon: 06 21/42 74 27
Telefax: 06 21/42 79 44
info@inter.de
www.inter.de

InterRisk Lebensversicherung AG
Vienna Insurance Group
Carl-Bosch-Straße 5
65203 Wiesbaden
Telefon: 06 11/2 78 70
Telefax: 06 11/2 78 72 22
info@interrisk.de
www.interrisk.de

Itzehoer Versicherung
Itzehoer Platz
25521 Itzehoe
Telefon: 04821/773 0
Telefax: 04821/773 8888
info@itzehoer.de
www.itzehoer.de

Lebensversicherung von 1871 aG München
Maximiliansplatz 5
80333 München
Telefon: 0 89/55 16 7 1111
Telefax: 0 89/55 16 12 12
info@lv1871.de
www.lv1871.de

LVM Lebensversicherungs-AG
Kolde-Ring 21
48126 Münster
Telefon: 02 51/70 20
Telefax: 02 51/7 02 10 99
info@lvm.de
www.lvm.de

Mecklenburgische Versicherungsgruppe
Platz der Mecklenburgischen 1
30625 Hannover
Telefon: 0511/5351 0
Telefax: 0511/5351 4444
service@mecklenburgische.de
www.mecklenburgische.de

Münchener Verein – Versicherungsgruppe
Pettenkoferstraße 15
80336 München
Telefon: 0 89/51 52 10 00
Telefax: 0 89/51 52 15 01
info@muenchener-verein.de
www.muenchener-verein.de

Mylife Lebensversicherung AG
Herzberger Landstraße 25
37085 Göttingen
Telefon: 05 51/9 97 60
Telefax: 05 51/9 97 6777
info@mylife-leben.de
www.mylife-leben.de

neue leben Lebensversicherung AG
Sachsenstraße 8
20097 Hamburg
Telefon: 0 40/2 38 91 0
Telefax: 0 40/2 38 91 333
info@neueleben.de
www.neueleben.de

Nürnberger Lebensversicherung AG
Ostendstraße 100
90482 Nürnberg
Telefon: 09 11/53 15
Telefax: 09 11/5 31 32 06
info@nuernberger.de
www.nuernberger.de

**Öffentliche Lebensversicherung
Berlin Brandenburg AG**
Am Karlsbad 4–5
10785 Berlin
Telefon: 0 30/2633 444
Telefax: 0 30/2633 140115
service@feuersozietaet.de
www.feuersozietaet.de

Öffentliche Versicherung Braunschweig
Theodor-Heuss-Straße 10
38122 Braunschweig
Telefon: 05 31/20 20
Telefax: 05 31/2 02 15 00
service@oeffentliche.de
www.oeffentliche.de

Öffentliche Versicherungen Oldenburg
Staugraben 11
26122 Oldenburg
Telefon: 04 41/2 22 80
Telefax: 04 41/2 22 84 44
info@oeffentlicheoldenburg.de
www.oeffentlicheoldenburg.de

**Öffentliche Lebensversicherung
Sachsen-Anhalt (ÖSA)**
Am Alten Theater 7
39104 Magdeburg
Telefon: 03 91/73 67 367
Telefax: 03 91/7 36 7 167
service.magdeburg@oesa.de
www.oesa.de

Pax Versicherungsdienst GmbH
Gereonstraße 5–11
50670 Köln
Telefon: 0221/16 08 80
Telefax: 0221/16 08 870
info@paxversicherung.de
www.paxversicherung.de

PB Lebensversicherung AG
ProActiv Platz 1
40721 Hilden
Telefon: 02103/34 68 20
Telefax: 02103-/4 51 09
info@pb-versicherung.de
www.pb-versicherung.de

**Provinzial Rheinland
Lebensversicherung AG**
Provinzialplatz 1
40591 Düsseldorf
Telefon: 02 11/97 80
Telefax: 02 11/9 78 17 00
service@provinzial.com
www.provinzial.com

R + V Versicherung AG
Raiffeisenplatz 11
65189 Wiesbaden
Telefon: 0800/5 33 1112
Telefax: 06 11/5 33 45 00
ruv@ruv.de
www.ruv.de

Rheinland Lebensversicherung AG
Rheinlandplatz
41460 Neuss
Telefon 02131/2900
Telefax: 02131/2901 3300
info@rheinland-versicherungen.de
www.rheinland-versicherungen.de

Saarland Versicherungen
Mainzer Straße 32–34
66111 Saarbrücken
Telefon: 06 81/60 13 33
Telefax: 06 81/60 14 50
service@saarland-versicherungen.de
www.saarland-versicherungen.de

SDK Süddeutsche Lebensversicherung aG
Raiffeisenplatz 5
70736 Fellbach
Telefon: 0800/22 10 221
Telefax: 07 11/57372 7266
leben@sdk.de
www.sdk.de

**Signal Iduna Vereinigte Lebens-
versicherung aG**
Neue Rabenstraße 15–19
20351 Hamburg
Telefon: 0 40/41 24 48 01
Telefax: 0 40/41 24 20 58
info@signal-iduna.de
www.signal-iduna.de

**Sparkassen-Versicherung Sachsen
Lebensversicherung aG**
An der Flutrinne 12
01139 Dresden
Telefon: 03 51/42 35 0
Telefax: 03 51/42 35 555
service@sv-sachsen.de
www.sv-sachsen.de

Stuttgarter Lebensversicherung aG
Rotebühlstraße 120
70197 Stuttgart
Telefon: 07 11/66 50
Telefax: 07 11/6 65 15 16
info@stuttgarter.de
www.stuttgarter.de

**SV Sparkassen Versicherung
Direktion Stuttgart**
Löwentorstraße 65
70376 Stuttgart
Telefon: 07 11/8 98 100
Telefax: 07 11/8 98 109
service@sparkassenversicherung.de
www.sparkassenversicherung.de

Swiss Life AG
Zeppelinstraße 1
85748 Garching
Telefon: 089/381 09 1128
Telefax: 089/381 09 4405
info@swissliife.de
www.swisslife.de

Targo Lebensversicherung AG
ProActiv-Platz 1
40721 Hilden
Telefon: 0 21 03/34 71 00
Telefax: 0 21 03/34 73 29
info@targoversicherung.de
www.targoversicherung.de

uniVersa Lebensversicherung aG
Sulzbacher Straße 1–7
90489 Nürnberg
Telefon: 09 11/5 30 70
Telefax: 09 11/53 07 16 76
info@universa.de
www.universa.de

VGH Versicherungen
Schiffgraben 4
30159 Hannover
Telefon: 0800/1750 844
Telefax: 05 11/3 62 29 60
service@vgh.de
www.vgh.de

VHV Versicherung AG
VHV-Platz 1
30177 Hannover
Telefon: 05 11/9 07 0
Telefax: 05 11/9 07 89 99
info@vhv.de
www.vhv.de

Volkswohl Bund Lebensversicherung aG
Südwall 37–41
44139 Dortmund
Telefon: 02 31/5 433 0
Telefax: 02 31/5 433 4 00
info@volkswohl-bund.de
www.volkswohl-bund.de

VPV Lebensversicherungs-AG
Mittlerer Pfad 19
70499 Stuttgart
Telefon: 07 11/13 91 60 00
Telefax: 07 11/13 91 31 6001
info@vpv.de
www.vpv.de

Westfälische Provinzial
Provinzialallee 1
48131 Münster
Telefon: 02 51/2 19 0
Telefax: 02 51/ 2 19 23 00
wp-service@provinzial.de
www.provinzial.de

WGV – Schwäbische Lebensversicherung AG
Tübinger Straße 55
70178 Stuttgart
Telefon: 07 11/16 95 15 00
Telefax: 07 11/16 95 1100
lv@wgv.de
www.wgv.de

Württembergische Lebensversicherungs AG
Gutenbergstraße 30
70176 Stuttgart
Telefon: 07 11/66 20
Telefax: 07 11/6 62 25 20
info@wuerttembergische.de
www.wuerttembergische.de

WWK Lebensversicherung aG
Marsstraße 37
80335 München
Telefon: 0 89/5 11 40
Telefax: 0 89/51 14 23 37
info@wwk.de
www.wwk.de

**Zurich Deutscher Herold
Lebensversicherung AG**
Poppelsdorfer Allee 25–33
53115 Bonn
Telefon: 02 28/2 68 01
Telefax: 02 28/2 68 3952
service@zurich.de
www.zurich.de

Stichwortverzeichnis
→

Abkürzungen

Az.	Aktenzeichen
BaFin	Bundesamt für Finanzdienst-leistungsaufsicht
bAV	betriebliche Altersvorsorge
BGB	Bürgerliches Gesetzbuch
BGH	Bundesgerichtshof
BU	Berufsunfähigkeitsversicherung
BUZ	Berufsunfähigkeitszusatzversicherung
DU-Klausel	Dienstunfähigkeitsklausel
HIS	Hinweis- und Informationssystem des Gesamtverbands der Deutschen Versicherungswirtschaft
KSK	Künstlersozialkasse
LG	Landgericht
OLG	Oberlandesgericht
SBU	Selbstständige Berufsunfähigkeits-versicherung
VBL	Versorgungsanstalt des Bundes und der Länder
VVG	Versicherungsvertragsgesetz
VVG-InfoV	Versicherungsvertragsgesetz-Informationspflichtverordnung

Bildnachweis

123RF
Seite 12: homy_design
Seite 15: Wavebreak Media Ltd.
Seite 16: Ian Allenden
Seite 27: goodluz
Seite 31: Wavebreak Media Ltd.
Seite 34: Susanne Bauernfeind
Seite 38: Dmitriy Shironosov
Seite 42: mitarart
Seite 55: photobac
Seite 84: Tyler Olsen
Seite 92: Suchat Siriboot
Seite 95: Dmitry Kalinovsky
Seite 104: Alexander Raths
Seite 111: sakkmesterke
Seite 114: racorn
Seite 124: dotshock
Seite 128: Katarzyna Jasiewicz
Seite 132: Vitali Krasouski
Seite 137: Ralf Kleemann
Seite 146: Tracy Fox
Seite 154: Wavebreak Media Ltd.
Seite 158: goodluz

iStock
Seite 20: Illu_foto
Seite 89: Highwaystarz-Photography
Seite 98: shapecharge
Seite 118: vgajic
Seite 143: Wavebreak Media Ltd.

Umschlagfoto
© vtwinpixel/Getty Images

Expertenfotos
Frank Begas: Foto Thanner
Beate-Kathrin Bextermöller: Stiftung Warentest
Rüdiger Falken: Kanzlei Falken Sammer Deppner
Axel Kleinlein: Bund der Versicherten
Elke Weidenbach: Verbraucherzentrale NRW
Philip Wenzel: freche versicherungsmakler
  GmbH & Co. KG

Im Interesse der Lesbarkeit verzichten wir darauf, in jedem Fall explizit die weibliche und die männliche Form einer Bezeichnung zu verwenden, und benutzen nur das sogenannte generische Maskulinum, das heißt den verallgemeinernden, grammatikalisch männlichen Begriff. Er umfasst, ohne jegliche Diskriminierung, beide Geschlechter.

1. Auflage, Oktober 2016

Dieser Ratgeber ist bisher in der Ratgeberreihe der Verbraucherzentrale erschienen, zuletzt in der 5. Auflage 2013. Er wurde für diese neue Ausgabe grundlegend überarbeitet, erweitert und aktualisiert.

ISBN 978-3-86336-069-6
Printed in Germany

Impressum

Herausgeber
Verbraucherzentrale
Nordrhein-Westfalen e. V.
Mintropstraße 27, 40215 Düsseldorf
Telefon: 02 11/38 09-555
Telefax: 02 11/38 09-235
ratgeber@verbraucherzentrale.nrw
www.verbraucherzentrale.nrw

Mitherausgeber
Verbraucherzentrale
Baden-Württemberg e. V.
Verbraucherzentrale Hamburg e. V.
(Adressen → Seite 174)

Text
Holger Balodis, Dagmar Hühne, Köln
www.vorsorgeluege.de

Lektorat
Dr. Doris Mendlewitsch, Düsseldorf
www.mendlewitsch.de

Fachliche Beratung
Elke Weidenbach

Koordination
Wolfgang Starke

Gestaltungskonzept
Lichten Kommunikation und
Gestaltung, Hamburg
www.lichten.com

Layout und Satz
Elke Günzel, two-up, Düsseldorf
www.two-up.de

Umschlaggestaltung
Ute Lübbeke, Köln
www.LNT-design.de

Druck
Druckhaus Weppert Schweinfurt GmbH

Gedruckt auf 100 % Recyclingpapier
Redaktionsschluss: September 2016

→ Die wichtigsten Vollmachten und Verfügungen, die jeder haben sollte, in einem praktischen Ratgeber.

Kurze Erklärtexte erläutern, wie die Dokumente zu erstellen sind. Der Praxisteil enthält alle notwendigen Formulare und Textbausteine. Damit lässt sich eine Verfügung bereits an einem Abend erstellen.

→ Dieser Ratgeber informiert, wann im Leben welche Versicherung sinnvoll ist.

Mehr als 2.000 Euro gibt jeder Deutsche pro Jahr im Durchschnitt für private Versicherungen aus. Eine Menge Geld fließt dabei auch in überflüssige Versicherungen oder Policen.

Das Vorsorge-Handbuch
Patientenverfügung, Vorsorgevollmacht, Betreuungsverfügung, Testament

184 Seiten | vierfarbig
12,90 Euro
ISBN 978-3-86336-055-9

Richtig versichert
Wer braucht welche Versicherung?

184 Seiten | vierfarbig
16,90 Euro
ISBN 978-3-86336-068-9